Rechtsirrtümer im Alltag

Geirrt zu haben, ist menschlich,
und einen Irrtum einzugestehen
Kennzeichen eines Weisen
Sophronius Eusebius Hieronymus
kroatischer Theologe und Gelehrter
(347–419)

Wissen ist Macht!
Francis Bacon
englischer Philosoph
(1561–1626)

Gabriele Hasmann

Rechtsirrtümer im Alltag

Knifflige Fälle
Heimtückische Fallen

Molden

ISBN 978-3-85485-224-7

in der Verlagsgruppe Styria GmbH & Co KG
Wien · Graz · Klagenfurt
www.molden.at

Illustrationen: Sabine Piribauer
Buchgestaltung: Bruno Wegscheider
Lektorat und Herstellung: Marion Mauthe
Druck: CPI BOOKS GmbH, Flensburg

Inhalt

Vorwort

Lange Vorworte sind mir ein Gräuel, deshalb lese ich sie auch äußerst selten. Damit mir es jetzt nicht selbst so geht und meine einleitenden Worte ungesehen bleiben – weil Sie gleich weiter blättern –, werde ich mich kurz fassen!

Die Recherchen zu und das Schreiben an diesem Buch haben mir sehr viel Spaß gemacht, auch wenn es harte Arbeit war, mich durch den Gesetzes-Dschungel zu wühlen und tage- beziehungsweise nächtelang Paragrafen zu studieren (und alles als Nicht-Juristin zu durchblicken und auch zu verstehen).

Und gerade weil ich als Laie gar nicht zur Darstellung komplizierter Zusammenhänge und Formulierungen fachtrockener Art fähig bin, müsste der Inhalt eigentlich für jedermann leicht verständlich sein.

Ganz wichtig war mir auch, dass der Spaß und der Servicecharakter nicht zu kurz kommen.

Zusammengefasst: Der Inhalt ist einfach, lustig und hilfreich.

Information für Juristen: Ich bin mir dessen bewusst, dass es „im Recht" fast unmöglich ist, Tatsachen einfach und verständlich darzustellen, und dabei gleichzeitig Anspruch auf Vollständigkeit (nähere Erläuterungen, weiterführende Erklärungen, Ergänzungen, Ausnahmeregelungen …) zu erheben, geschweige denn, diesem gerecht zu werden.

Doch „Rechtsirrtümer im Alltag" soll in keiner Weise als allgemeiner Ratgeber fungieren, der das gesamte österreichische Gesetz abdeckt, sondern lediglich, wie der Titel schon sagt, aus dem Alltag gegriffene Rechtsirrtümer aus dem Weg räumen und geläufige Wandersagen, die in der Gesetzeslandschaft kursieren, entlarven.

Zusätzlich wurden in den Text nützliche Tipps und weiterführende Informationen, die der Beantwortung individueller Rechtsfragen dienen können, integriert, wenngleich das Buch trotzdem niemandem den Gang zum Anwalt ersparen kann und soll, wenn's brenzlig wird. Zuletzt sei noch gesagt: Jeder Staat besteht aus Menschen, von welchen jeder Einzelne erwarten kann, dass vorurteilsfrei, respektvoll, und gerecht mit ihm umgegangen wird. Dafür sollten wir eigentlich keine Gesetze sprechen lassen müssen, sondern unser Gewissen, das Herz und den Verstand.

Zuallerletzt sei noch gesagt, dass, wie Johann Wolfgang von Goethe meinte, „man seine Irrtümer teuer bezahlen muss, wenn man sie loswerden will". Dieser Spruch wäre nie gesagt worden, hätte zu Beginn des 19. Jahrhunderts bereits dieses Buch existiert.

Noch ein Hinweis: Dieses Buch berücksichtigt die österreichischen Gesetze mit Stand per 30. Juni 2008.

Und noch eine Bitte: Sollten Sie, lieber Leser, einem Irrtum aufgesessen sein, den Sie in diesem Werk nicht finden, bitte geben Sie mir doch Bescheid!

gabi_hasmann@yahoo.de

Viel Spaß beim Lesen wünscht Ihnen

Gabriele Hasmann

Danksagungen

Sabine Piribauer
Illustratorin, Wien
für die gelungenen Karikaturen

Gerhard Angeler
Jurist, Baden
für die Verifizierung des Inhaltes

Katharina Grossbauer
Juristin, Baden
für rechtliche Hinweise und die Verifizierung des Inhaltes

Wilfried Schuster
ehemaliger Polizist, Mediator, Wien
für seine Erfahrungsberichte

Sabine Radl
Mitarbeiterin der Wirtschaftskammer, Wien
für die Hilfe bei der Ausarbeitung des Kapitels „EU"

Behörden, Ministerien und Ämter in Österreich
für ihre Unterstützung bei Nachfragen

Die österreichischen Gesetze

Es gibt auf der Welt über 30 Millionen Gesetze,
um die 10 Gebote durchzuführen.
Albert Schweitzer,
elsässischer Theologe, Arzt und Philosoph
(1875–1965)

Die älteste schriftlich überlieferte Gesetzessammlung ist der Kodex Ur-Nammu und nicht, wie man lange Zeit geglaubt hat und wie auch heute oft noch fälschlicherweise angenommen wird, der Kodex Hammurapi (verfasst von König Hammurapi, 1810–1750 v. Chr.). Die Rechtssammlung von Ur-Nammu ist in sumerischer Sprache abgefasst und zirka 2050 v. Chr. im Auftrage des Königs Ur-Nammu von Ur oder seines Sohnes Schulgi entstanden (Quelle: *http://www.wikipedia.at*).
In Österreich gibt es derzeit über 500 Gesetzestexte. Die wichtigsten seien hier genannt, die allerwichtigsten auch kurz beschrieben.

ABGB (Allgemeines Bürgerliches Gesetzbuch)

Das ABGB regelt die Privatrechte und Pflichten der Einwohner unseres Staates. Es ist am 1. Jänner 1812 in den Deutschen Erbländern der Österreichischen Monarchie in Kraft getreten und gilt als das älteste gültige Gesetzbuch des deutschen Rechtsraumes. In den Text des ABGB wurde in den ersten hundert Jahren kaum eingegriffen, erst die drei Teilnovellen 1914, 1915 und 1916 brachten eine Anpassung an das deutsche Bürgerliche Gesetzbuch von 1896. Weitere

Reformen erfolgten erst wieder in den siebziger Jahren des vorigen Jahrhunderts. Große Teile des Privatrechtes sind mittlerweile auch außerhalb des ABGB in eigenen Gesetzen geregelt.
Auffällig im ABGB ist die altertümelnde Sprache, wie folgendes Beispiel (§ 384) zeigt: „Häusliche Bienenschwärme und andere zahme oder zahm gemachte Thiere sind kein Gegenstand des freyen Thierfanges, vielmehr hat der Eigenthümer das Recht, sie auf fremdem Grunde zu verfolgen; doch soll er dem Grundbesitzer den ihm etwa verursachten Schaden ersetzen. Im Falle, daß der Eigenthümer des Mutterstockes den Schwarm durch zwey Tage nicht verfolgt hat; oder, daß ein zahm gemachtes Thier durch zwey und vierzig Tage von selbst ausgeblieben ist, kann sie auf gemeinem Grunde jedermann; auf dem seinigen der Grundeigenthümer für sich nehmen, und behalten."

StGB (Strafgesetzbuch)

Das StGB regelt das Strafrecht in Österreich. Das Strafgesetzbuch von 1975 löste als Neukodifizierung das Strafgesetz (StG) von 1852 ab und wurde seither mehrfach novelliert.

StPO (Strafprozessordnung)

Die StPO 1975 umfasst alle gesetzlichen Regelungen hinsichtlich des formalen Ablaufes von Strafverfahren, es regelt die Vorgangsweise zur Aufklärung von Straftaten, über die Verfolgung verdächtiger Personen und über damit zusammenhängende Entscheidungen. Die aktuelle StPO ist seit 1. Jänner 2008 in Kraft.

ZPO (Zivilprozessordnung)

Die ZPO trat am 1. Jänner 1898 in Kraft und wurde seither über 75 Mal novelliert. Die Zivilprozessordnung regelt die Partei- und Prozessfähigkeit, die Stellung der Prozessparteien sowie Aufgaben und Befugnisse des Richters etc. Außerdem unterliegt ihr den Gang der Verhandlung von der Klage bis zum Urteil.

StVO (Straßenverkehrsordnung)

Die StVO ist ein Bundesgesetz, das am 1. Jänner 1961 in Kraft getreten ist und den öffentlichen Verkehr für alle Teilnehmer „in ordentliche Bahnen“ lenkt.

EheG (Ehegesetz)

Das EheG regelt über die Bestimmungen zur Verheiratung und Scheidung die Rechte und Pflichten zwischen Eheleuten. Von 1938 bis 1945 hatten Österreich und Deutschland dasselbe Ehegesetz, mit der Wiedererlangung der Souveränität Österreichs wurde es zum österreichischen Bundesgesetz. Novellierungen gab es im Zuge der Familienrechtsreform Ende der siebziger und Mitte der achtziger Jahre des vorigen Jahrhunderts. 1999 wurden Teile des Scheidungsrechts reformiert.

KSchG (Konsumentenschutzgesetz)

Das KSchG ist am 1. Oktober 1979 in Kraft getreten und soll den Konsumenten vor Übervorteilung durch Unternehmer schützen. Im Wesentlichen sind die Gesetze, die den Geschäfts- und Rechtsverkehr zwischen diesen beiden Parteien regeln, im ABGB bereits vorhanden und im KSchG zusammengefasst.

Weitere wichtige Gesetze in alphabetischer Reihenfolge:

ASVG (Allgemeines Sozialversicherungsgesetz)
AngG (Angestelltengesetz)
ArbSchG (ArbeitnehmerInnenschutzgesetz)
B-VG (Bundesverfassungsgesetz)
E-Commerce-Gesetz

EO (Exekutionsordnung)
FinStrG (Finanzstrafgesetz)
FSG (Führerscheingesetz)
GlBG (Gleichbehandlungsgesetz)
JGG (Jugendgerichtsgesetz)
KFG (Kraftfahrgesetz)
KAKuG (Kranken- und Kuranstaltengesetz)
MaklerG (Maklergesetz)
MRG (Mietrechtsgesetz)
TKG (Telekommunikationsgesetz)
UrhG (Urheberrechtsgesetz)
VfGG (Verfassungsgerichtshofgesetz)

In unseren Anmerkungen finden Sie die hier erwähnten Gesetzestexte in ihrer gängigen Abkürzungsform. Alle anderen werden sowohl abgekürzt als auch ausgeschrieben.

Zitieren von Paragrafen:

§	Paragraf
§§	Paragrafen
f	folgender
ff	fortfolgende
Abs.	Absatz
Z	Zeile

Beispiel: *§ 53 Abs. 1 Z 10 StVO und §§ 44 ff ABGB* =
Paragraf 27 Absatz 1 Zeile 10 der Straßenverkehrsordnung und Paragrafen 44 fortfolgende (so lang sie relevant sind) des Allgemeinen Bürgerlichen Gesetzbuches

In der Öffentlichkeit

Wer in der Öffentlichkeit Kegel schiebt,
muss sich gefallen lassen, dass nachgezählt wird.
Kurt Tucholsky, deutscher Schriftsteller
(1890–1935)

Nirgendwo stehen wir mehr unter Beobachtung als in der Öffentlichkeit, zum Beispiel beim Shoppen auf der Einkaufsstraße oder beim Spazierengehen mit Flocki im Park. Der Mensch ist nämlich von Natur aus ein Voyeur, der mit einem Auge darauf schaut, dass es ihm selbst gut geht, mit dem anderen aber stets beobachtet, ob sich seine Mitmenschen auch korrekt verhalten. Dabei wartet er stets gespannt darauf, dass andere einen Fehler machen. Wird ein Gesetz übertreten, beanstandet man mit erhobenem Zeigefinger. Manch einer zeigt den vermeintlichen Verbrecher auch sofort an, denn man ist schließlich ein aufmerksamer, aufrechter Bürger.
Dieses Kapitel enthält allerdings nur einen kleinen Teil der Rechtsirrtümer, welchen man „draußen" unterliegen kann, weitere sind in den Kapiteln „Im Urlaub", „In der Arbeit", „Im Straßenverkehr" und „Im Strafrecht" zu finden.

Hundekot

Das ganze Herumgetue wegen ein bisschen Hundekacke versteh ich nicht – ich zahle schließlich Steuer für meinen Vierbeiner, und die wird doch zur Beseitigung der Haufen verwendet.

Wer glaubt, er muss nicht klauben, irrt!
Die Hundesteuer, die von jeder Verwaltungseinheit individuell festgelegt wird (in Wien bezahlt man derzeit 43,60 Euro; der hundefreundlichste Bezirk in Niederösterreich ist Hollabrunn mit 13,27 Euro pro Schnauze), muss von den jeweiligen Gemeinden nicht zur Beseitigung der unliebsamen Häufchen verwendet werden. Allein in Wien fallen davon täglich geschätzte zehn Tonnen an, deren Wegschaffung etwa sieben Millionen Euro jährlich verschlingt – weit mehr, als durch die Hundesteuer eingenommen wird. Viel eher soll diese Abgabe verhindern, dass die Zahl der Vierbeiner überhand nimmt (in Österreich leben derzeit über eine halbe Million Hunde), beziehungsweise werden mit den Einnahmen mancherorts auch Haushaltslöcher gestopft.
Allerorts hingegen versucht man Lösungen zu finden, wie man des Problems der Überhäufung Herr werden könnte. Neben dem Appell an die Vernunft der Hundehalter wird nach Ideen gesucht, deren Umsetzung es ermöglicht, die Anzahl der Haufen zu reduzieren oder diese effizienter zu entsorgen. Doch die Ergebnisse einiger Initiativen privater Vereine oder die Bemühungen der Gemeinden diesbezüglich sind immer noch nicht zufrieden stellend.
Tatsache ist, dass es in vielen größeren Städten bereits eigene Zonen gibt, in welchen der Hund ungestört sein Geschäft verrichten kann. Tut er es außerhalb dieser Bereiche, ist jeder Hundehalter verpflichtet, den Haufen aufzuheben. Oft gibt es eigene Automaten, die gratis „Sackerl fürs Gackerl“ anbieten, andernfalls muss man eben mit einer Schaufel und einem Behältnis bewaffnet Gassi gehen. Hilfreich kann in manchen Fällen auch ein Vereisungsspray sein, sollte das Ge-

schäft nicht über eine entsprechende Konsistenz verfügen. Wie auch immer: Die Entsorgung ist verpflichtend, da bei Zuwiderhandeln ein Organstrafmandat droht. Außerdem können einem, abgesehen von einer Strafe, auch die Kosten der Entfernung – gegebenenfalls zusätzlich die zur Säuberung der Straße – auferlegt werden.
Nicht vorenthalten in diesem Zusammenhang möchten wir Ihnen einige Erfindungen aus dem In- und Ausland, mit deren Hilfe man auch hierzulande versucht hat, dem Kot den Kampf anzusagen:
Von der Wiener Stadtverwaltung wurde der „Dogofant" (Hundekot-Aufsaugemaschine made in Frankreich) getestet, doch abgesehen von den zu hohen Kosten zeigte sich der Apparat den Wiener Fabrikaten nicht gewachsen, da diese angeblich viel weicher wären als jene Produkte, die Pariser Vierbeiner erzeugen.
Als ebenso untauglich, da zu kostspielig, erwies sich das selbstreinigende Hundeklo made in Finnland, bei dem eine rotierende Scheibe die Hinterlassenschaft auf Knopfdruck in einen darunter befindlichen Behälter katapultiert.
Aber auch in Deutschland zerbricht man sich den Kopf, wie man den Hundstrümmerln beikommen könnte. Da gab es zum Beispiel Ideen zur Umwandlung in Brennstoff, zur Windelpflicht für Vierbeiner und zu DNA-Proben, die bereits bei der Anmeldung des Tieres genommen werden und später bei unerlaubt platzierten Haufen zur Identifizierung von Hund und Herrchen dienen.
Doch bisher gelangte nichts davon – leider oder Gott sei Dank – zur Umsetzung. Was bleibt, ist die Hoffnung auf das Verantwortungsbewusstsein jedes Hundebesitzers der Umwelt und seinen Mitmenschen gegenüber.

Siehe dazu § 92 StVO

Ausweispflicht

Ich muss immer einen Ausweis bei mir tragen, sonst werde ich gestraft, wenn man diesen zur Feststellung meiner Identität benötigt.

Von Müssen kann keine Rede sein, denn in Österreich besteht keine allgemeine Ausweispflicht.

Es empfiehlt sich aber trotzdem, ein Dokument, mit Hilfe dessen sich die Identität nachweisen lässt, bei sich zu tragen, da im Fall einer Verwaltungsübertretung die Sicherheitsbehörde ein solches verlangen wird. Ist keines greifbar, kann es vorkommen, dass man auf die Wache mitgenommen wird und dort verbleiben muss, bis die persönlichen Daten aufgenommen und überprüft wurden.

In vielen Fällen, in welchen es notwendig ist sich auszuweisen (zum Beispiel beim Notar), kann man sich auch eines Identitätszeugen bedienen. Diese Person muss in einem Naheverhältnis (Verwandtschaft, Ehefrau oder -mann) zur bezeugenden Person stehen, eigenberechtigt sein und selbst über einen amtlichen Lichtbildausweis verfügen. Neben dem Personalausweis (wird bei der Einreise in mittlerweile 34 Staaten Europas auch als Passersatz akzeptiert) und der Bürgerkarte (dient zur Sicherstellung der Identität bei elektronischem Verkehr), gibt es seit 1999 einen zusätzlichen amtliche Lichtbildausweis, der nicht aus inhaltlichen Gründen verweigert werden kann (etwa aufgrund gewisser Straftaten, die den Entzug von Führerschein und Reisedokumenten zur Folge haben, oder fehlendem Wohnsitz), Voraussetzung für den Erhalt dieses Identitätsausweises ist lediglich die österreichische Staatsbürgerschaft. Auch Minderjährige oder Obdachlose können sich ein solches Dokument ausstellen lassen (Anträge sind bei der Bundespolizeidirektion oder bei den Bezirksverwaltungsbehörden zu stellen), die Kosten betragen 56,70 Euro.

Siehe dazu http://www.help.gv.at → Suche Identitätsausweis

Eine Ausweiskontrolle darf von der Polizei unter anderen aus folgenden Gründen durchgeführt werden: Wenn anzunehmen ist, man stehe im Zusammenhang mit einer Straftat, man könnte Auskunft über eine Straftat geben oder man sei ein abgängiger Minderjähriger, ein entflohener Häftling oder ein psychisch Kranker, der andere gefährdet. Außerdem, wenn sich jemand im Zustand der Hilflosigkeit befindet und die Identitätsfeststellung für die Hilfeleistung unbedingt erforderlich ist.
Natürlich findet sich immer ein Anlass für eine Ausweiskontrolle, anderseits hat der betreffende Beamte, wenn danach gefragt wird, einen Grund für die Kontrolle zu nennen. Antworten wie „reine Routine" reichen nicht aus. Man kann im Gegenzug die Dienstnummer verlangen, die einem schriftlich ausgehändigt werden muss.
Anders verhält es sich natürlich beim Lenken eines Kraftfahrzeuges: Es ist definitiv nicht erlaubt Auto zu fahren, ohne seinen Führerschein dabei zu haben. Auch wenn man dem Kontrollorgan eine liebenswerte Geschichte erzählt, wird dieses wenig Mitleid zeigen. Die Story über den quirligen Pudel der Oma, der alles, was er an Papierstücken findet, zuerst wie eine Ratte beutelt und dann zerfetzt, wird kaum als Entschuldigungsgrund gelten. Wurde der Führerschein tatsächlich vom Pudel gekillt oder ging ganz banal verloren, muss man sich schnellstmöglich einen Ersatz besorgen und in der Zwischenzeit sein Fahrzeug stehen lassen.
Im Übrigen besteht die Pflicht, das Abhandenkommen eines Führerscheins unverzüglich bei der Behörde oder der nächsten polizeilichen Dienststelle anzuzeigen. Die Anzeigebestätigung berechtigt zum Lenken des Fahrzeuges bis zur Ausstellung des neuen Dokumentes, längstens jedoch vier Wochen lang.

Siehe dazu § 14 FSG

„Wanted"

Wenn mittels öffentlichen Aushangs eine entlaufene Katze gesucht und für das Auffinden derselben eine Belohnung versprochen wird, steht mir diese zu, wenn ich das Tier ihrem rechtmäßigen Eigentümer zurückbringe.

Nicht zwangsläufig!

Die nicht an eine bestimmte Person gerichtete Zusage einer Belohnung für eine Leistung oder einen Erfolg, Auslobung genannt, wird zwar durch die öffentliche Bekanntmachung verbindlich, kann aber jederzeit widerrufen werden. Natürlich muss das in gleich wirksamer Form geschehen, sodass jedermann, der vorher von der versprochene Belohnung erfahren hat, auch in Kenntnis des Widerrufes gelangen kann. Wer also tatsächlich auf das Tier trifft, das seit Tagen mit „Wanted"-Plakaten gesucht und dessen Auffindung nicht nur die Wiederherstellung des Seelenheiles einer kleinen Katzen-Mami, sondern dem Finder 100 Euro verspricht, sollte auf jeden Fall einmal versuchen, es einzufangen. Steht dann Heidelinde B. mit dem fauchenden und kratzenden Stubentiger auf dem Arm vor dem Haus, während ein selig lächelndes, blondes Prinzesschen, an dessen Bein sich eine schnurrende Babykatze reibt, die Tür öffnet, könnte sie unter diesen Umständen Pech haben. Hat die Familie nämlich beschlossen, ohne dass die Finderin davon erfahren hat, dem Töchterchen ein weniger zum Streunen berufenes Kätzchen zu kaufen, und diese Tatsache auch öffentlich bekannt gegeben, wird Heidelinde B. womöglich für das wehrhafte Prachtexemplar auf ihrem Arm keine Belohnung erhalten. Es sei denn, sie kann glaubhaft machen, dass es ihr unmöglich war, in Kenntnis des Widerrufes zu gelangen. Dann könnte sie auf die Auszahlung der Belohnung bestehen (und die Katze mit nach Hause nehmen, wenn das Prinzesschen es erlaubt).

Im Gesetzestext steht auch noch, dass bei einer Auslobung demjenigen die Belohnung gebührt, der die Leistung als Erster vollbringt, und bei gleichzeitiger Vollendung allen zu gleichen Teilen. Allerdings würde die Familie wohl bemerken, dass an der Sache etwas faul ist, wenn plötzlich mehrere Tierretter ihren Finderlohn begehren und Katzen ankarren, die der abhanden gekommenen zum Verwechseln ähneln.

Siehe dazu §§ 860 ff ABGB

Finderlohn

Wenn jemand in der Straßenbahn die Brille liegen gelassen hat, ich sie einstecke und später zur Polizei bringe, stehen mir zehn Prozent Finderlohn zu.

Das ist gleich ein doppelter Irrtum!
Seit einigen Jahren nehmen ausschließlich die Gemeindeämter – nicht mehr die Polizeikommissariate – die Funktion der Fundbehörden ein. Ausgenommen von dieser Regelung der Zuständigkeit sind aber nach wie vor Bereiche, in denen gesetzlich vorgesehen ist, dass der Verlust oder der Fund bei einer Dienststelle der Polizei oder einer anderen Behörde anzuzeigen ist. Dazu gehören beispielsweise Führerscheine, Zulassungsbescheinigungen, Kennzeichentafeln, Schusswaffen und Kriegsmaterial (nur bei Fund), sowie Schieß- und Sprengmittel (bei Verlust und Fund). Da es sich bei einer Brille aber weder um ein wichtiges Dokument, noch um den Bestandteil eines Fahrzeuges handelt und diese schon gar nicht zum Schießen oder Sprengen geeignet ist, muss sie auf der zuständigen Gemeinde abgegeben werden.
Der Finderlohn beträgt nicht zehn, sondern nur fünf Prozent, da es sich nicht um einen verlorenen, sondern um einen vergessenen Gegenstand handelt (hätten besagte Augengläser einen höheren Wert als 2.000 Euro, wenn sie zum Beispiel mit Brillanten bestückt wären,

stünden einem gar nur zweieinhalb Prozent zu). Als verloren gelten bewegliche, in niemandes Gewahrsam stehende Gegenstände, die ohne den Willen des Inhabers aus seiner Gewalt gelangt sind. Als vergessen gelten jene, die an einem fremden, unter der Aufsicht eines anderen stehenden Ort zurückgelassen worden und dadurch in fremden Gewahrsam gekommen sind (klingt nicht nur, sondern ist auch kompliziert).

Findet man jedoch einen Gegenstand, der unschätzbar, dessen Wiedererlangung für den Verlustträger allerdings von erheblicher Bedeutung ist, wird die Belohnung nach Ermessen festgelegt. Mit einem Wort: Es kann passieren, dass man hier mit null Prozent aussteigt. Auf jeden Fall aber besteht der Anspruch auf Ersatz des notwendig gewordenen Aufwandes (das heißt, der Verlustträger muss zum Beispiel die Fahrkarte bezahlen, die für den Weg zur Fundbehörde benötigt wurde. Na immerhin!).

Zurück zur Brille: Sollte diese innerhalb eines Jahres nicht abgeholt werden (was nur bei dem nicht mit Brillanten verzierten Stück wahrscheinlich ist), gehört sie dem Finder. Bleibt dann nur noch zu hoffen, dass die Dioptrien passen.

Siehe dazu §§ 388 – 395 ABGB

Schatzfund

Finde ich im Wald einen Schatz, gehört er mir.

Sehr optimistisch – und leider ein Irrtum!

Abgesehen davon, dass die Wahrscheinlichkeit, einen Sechser im Lotto zu gewinnen, höher ist als die, irgendwo wirklich wertvolle Dinge auszubuddeln, gehen diese dann nicht automatisch in den alleinigen Besitz des Finders über.

Zuerst einmal ist der Fund anzuzeigen, archäologische und numismatische Funde sind der Landesregierung bekannt zu geben. Nach einer bestimmten Frist erhalten der Finder und der Eigentümer jenes Grundes und Bodens, auf oder in dem die Kostbarkeiten entdeckt wurden, je die Hälfte des Schatzes. Kann jedoch von irgendjemandem der Eigentumsnachweis erbracht werden, muss sich der Schatzgräber mit den für Fundsachen geregelten zehn oder fünf, beziehungsweise bei einem Wert von über 2.000 Euro zweieinhalb Prozent zufrieden geben. Das fällt beispielsweise dann ins Gewicht, wenn der Neffe Kenntnis von der Auffindung der alten Erbstücke der Mizzi-Tant' erlangt, die von dieser in einem Anfall von Wahnsinn oder krankhaftem Misstrauen in einer lauen Vollmondnacht auf der Waldlichtung versenkt wurden.

Siehe dazu §§ 397 ff ABGB

Versammlung

Wenn ich unterwegs bin, kann ich mich gemeinsam mit so vielen Leuten aufhalten, wie ich will und wo ich will, schließlich leben wir in einem freien Land.

Das ist schon wahr, theoretisch!
Praktisch werden Zusammenkünfte von mehreren Personen in der Öffentlichkeit vom Versammlungsgesetz 1953 geregelt (bei Interesse siehe dazu *http://www.aphar.at/pdfs/versammlungsgesetz-1953.pdf*).
Dieses Gesetz besagt zum Beispiel, dass, wer eine Versammlung ohne Beschränkung auf geladene Gäste veranstalten will, diese spätestens 24 Stunden davor unter Angabe des Zweckes, des Ortes und des Zeitpunktes bei der zuständigen Behörde vorankündigen muss. Volkstümliche Feste, Umzüge oder Prozessionen sind drei Tage (Leichen-

begängnisse aber wiederum nur 24 Stunden) davor anzumelden, allerdings nur, wenn hierfür die Benützung einer Straße in Betracht kommt.

Siehe dazu § 86 StVO

Außerdem steht in diesem Gesetz auch, dass an einer solchen Veranstaltung keine Personen teilnehmen dürfen, die ihre Gesichtszüge verhüllen oder verbergen, um ihre Wiedererkennung im Zusammenhang mit der Versammlung zu verhindern. Die Frage ist allerdings, was passiert, wenn sich Clowns in voller Montur und zentimeterdick geschminkt treffen, um gegen schlechte Kabarettprogramme zu demonstrieren …
Im Versammlungsgesetz 1953 heißt es außerdem, dass Ausländer weder als Veranstalter, noch als Ordner, und auch nicht als Leiter einer Versammlung zur Verhandlung öffentlicher Angelegenheiten, auftreten dürfen.

Schulpflicht

Ich würde mein Kind so gern daheim unterrichten, doch das darf ich nicht, da in Österreich eine Besuchspflicht an öffentlichen Schulen besteht.

„Mein Sohn wird von seinen Schulkollegen gemobbt", „meine Tochter wird von den Lehrern ungerecht behandelt", „mein Kind ist so sensibel, es hält den Druck in der Schule nicht aus …"
Solche und ähnliche Sprüche sind immer wieder von entnervten oder überfürsorglichen Eltern zu hören, deren „kleine Engel" einfach nicht in diese schreckliche Umgebung, genannt Schule, gehören, wo sich kleine Menschen gegenseitig terrorisieren. Und die Lehrer gleich mit.

Diese großen Menschen wiederum verlangen viel zu viel von den Kindern, vom Tragen tonnenschwerer Schultaschen angefangen bis hin zum Erlernen riesiger Mengen an Wissensstoff, der später im echten Leben nie wieder benötigt wird.
Doch es gibt einen Ausweg: Man kann die lieben Kleinen in eine überteuerte, dafür aber vielleicht nach der traditionellen Kunst des Feng Shui eingerichteten Privatschule ohne Öffentlichkeitsrecht stecken – man muss es sich nur leisten können. Solche Kinder werden „draußen“ gern „die Privilegierten“ genannt und meist gemieden.
Ebenso ist es erlaubt, den Nachwuchs zu Hause zu unterrichten, sofern man sich das wirklich antun will und die Tochter oder den Sohn dazu bringen kann, sich den zu erlernenden Stoff nicht so nebenbei zwischen zwei Fernsehserien zu Gemüte zu führen und diese Art der Schulpflicht ernst zu nehmen. Solche Kinder werden „draußen“ oft „die Weicheier“ genannt und meist verhaut.
Natürlich gibt es bestimmte Auflagen, die zu erfüllen sind, wenn man sich für eine der beiden Möglichkeiten entschließt. Der Unterricht muss jenem an einer allgemein bildenden Pflichtschule sowie einer mittleren und höheren Schule mindestens gleichwertig sein. Die Erziehungsberechtigten haben die Teilnahme ihrer Kinder an einer dieser beiden Arten von Unterricht dem Bezirksschulrat jeweils vor Beginn des Schuljahres zu melden. Dieser kann ablehnen, wenn davon auszugehen ist, dass die Gleichwertigkeit des Niveaus nicht gegeben sein wird.
Der Erfolg des Unterrichts ist jährlich vor Schulschluss durch eine Prüfung an einer Pflichtschule nachzuweisen. Werden alle Bedingungen erfüllt, steht also auch einer Umfunktionierung des Kinderzimmers zum Klassenraum nichts mehr im Weg – außer vielleicht der laufende Fernsehapparat.

Siehe dazu §§ 5 und 11 SchPflG (Schulpflichtgesetz)

Schwammerlsuche

Wenn ich mit meiner Familie Schwammerl suchen gehe, darf ich so viele mitnehmen, wie ich finde.

Nicht wirklich!
Auch wenn Sie die Vorstellung von Ihrer kleinen Tochter ergreifend finden, wenn sie mit einem riesigen Korb am Arm, randvoll mit Parasolen, jauchzend durch den vom Morgentau benetzten und vom Sonnenlicht durchfluteten Wald hüpft – der böse Wolf lauert im Forstgesetz.
Laut diesem ist nämlich das unbefugte Aneignen von mehr als zwei Kilo Pilzen pro Tag verboten. Es drohen 150 Euro Strafe, für die man sich beim Schwammerlwirten im Ort schon ein deftiges Ragout für die gesamte Familie leisten kann. Ebenso ist übrigens auch die Durchführung und Teilnahme an Pilz- oder Beerensammelveranstaltungen strafbar. Werden Sie vom Förster dabei ertappt , wenn Sie beispielsweise in der Funktion eines Animateurs als riesige Himbeere verkleidet durch den Wald pirschen, gefolgt von einer Schar sammelwütiger Pensionisten, darf er jeder einzelnen Person 730 Euro abknöpfen.
Außerdem wäre noch wichtig zu erwähnen, dass jeder Waldeigentümer durch eine Hinweistafel ein totales Schwammerlsammelverbot kundtun kann, was ihm ermöglicht, bei Zuwiderhandlung zivilrechtlich mit einer Besitzstörungsklage gegen Sie vorzugehen. Womöglich lässt er Sie sogar durch landesgesetzlich betraute Forstschutzorgane aus seinem Wald entfernen. Der Schwammerlwirt im Ort wärmt Ihnen dann sicher gern den Rest seines Ragouts auf.
Die Aneignung von Feld- und Waldfrüchten geringen Wertes ist nach der Rechtsprechung nicht gerichtlich strafbar, außer natürlich, sie werden aus Nachbars Garten entwendet.

Siehe dazu § 174 ForstG und § 141 StGB

Geschenkter Stern

„Ein Stern, der deinen Namen trägt …" Ich habe meiner Freundin ein total romantisches Geschenk gemacht und ihr einen Stern gekauft.

Mit Sicherheit nicht!
Sterne gehören niemandem, schon gar nicht Ihrer Freundin, und schon überhaupt nicht für einen Schleuderpreis von 29 Euro.
Bei den so genannten „Sterntaufen" wird der selbst gewählte Name für den Himmelskörper lediglich in eine firmeneigene Liste eingetragen und auf dem Schriftstück für den Kunden vermerkt, was ohne jede offizielle oder gar wissenschaftliche Bedeutung ist. Da mittlerweile etliche solcher Firmen existieren, kann ein einzelner Stern mehrere Taufnamen tragen, das Exemplar für Ihre Freundin kann zum Beispiel also bereits „Schnäuzchen", „Theodor" und „Beste Schwiegermama" heißen.
Alle Sterne, die ernüchternderweise nichts anderes als selbstleuchtende Plasmakugeln sind, deren Strahlungsenergie durch die Kernfusion im Inneren des Himmelskörpers erzeugt wird, werden in der Wissenschaft mit Katalognummern zur leichteren Identifizierung bezeichnet. Nur die wenigsten davon tragen darüber hinausgehend einen „echten" Namen.
Die einzig für die Sternbenennung international anerkannte Autorität ist die IAU (Internationale Astronomische Union) mit Sitz in Paris, und nicht irgendeine private Firma, die im Internet „Sterntaufen" anbietet.

Zechpreller

Rufe ich in einem Lokal drei Mal „zahlen", und der Kellner kommt trotzdem nicht, kann ich aufstehen und einfach gehen.

Auf gar keinen Fall!
Obwohl es den offiziellen Tatbestand der Zechprellerei nicht gibt, ist es genau das, was man tut – man prellt den Geschäftsinhaber um den ihm zustehenden Betrag für die erhaltene und konsumierte Ware (das ist nichts anderes, als würde man im Supermarkt Lebensmittel klauen).
Dass der Kellner entweder schwerhörig oder unwillig ist, spielt dabei keine Rolle, es steht jedermann frei, dem Servierpersonal mit einem entsprechenden Hinweis das Trinkgeld zu streichen und sich beim Lokalbesitzer zu beschweren. Es besteht auch die Möglichkeit, die Rechnungssumme auf dem Tisch zu hinterlassen (das birgt allerdings das Risiko in sich, dass jemand anderer zugreift).
Natürlich handelt es sich bei dem Gast, der das mit dem Drei-Mal-Rufen gehört hat und deshalb einem Irrtum unterliegt, nicht um den klassischen „Zechpreller". Er war schließlich prinzipiell bereit, die Rechnung zu begleichen, wenn der Ober nicht so ein ignoranter Idiot gewesen wäre oder ein Hörgerät gebraucht hätte. Allerdings wird schwer zu beweisen sein, dass er nicht von Anfang an vorgehabt hatte nicht zu bezahlen. Als „Zechpreller" im eigentlichen Sinn bezeichnet man umgangssprachlich Personen, die sich bewirten lassen und zu keinem Zeitpunkt (vom Moment der Bestellung) vorhatten, die Rechnung zu begleichen. Das freilich nennt man schlicht und ergreifend Betrug.

Nicht schuldhaft macht sich ein

Gast hingegen, wenn er, während er das Schnitzel mit Kartoffelsalat ordert, der Meinung ist, er könne bezahlen, und erst nach der Konsumation feststellt, dass er dummerweise seine Geldbörse zu Hause liegen gelassen hat. Sollte der begründete Verdacht auf echte „Zechprellerei" bestehen, ist jeder Angestellte des betreffenden Lokals berechtigt, den Betrüger festzuhalten und die Polizei zu rufen.

Siehe dazu § 1295 ABGB, § 146 StGB und § 86 StPO

Diebstahl aus der Garderobe

Wenn in einem Gasthaus meine Jacke gestohlen wird, habe ich Pech gehabt, denn der Wirt haftet nicht dafür.

Ganz so ist es nicht!
Sehen wir uns ein Beispiel an: Renate S., eine tadellos gekleidete und sehr gepflegte Geschäftsfrau, betritt mit einigen Arbeitskollegen ihr Stammlokal. Diensteifrig eilt die junge Kellnerin Rosi auf Renate S. zu und hilft ihr aus dem teuren Pelzmantel. Rosi tänzelt davon mit den Worten: „Gnädige Frau, den hängen wir aber nicht auf den Gardarobenständer, den trag' ich nach hinten. Man weiß ja nie. Machen Sie sich keine Sorgen, bei mir ist das gute Stück in Sicherheit, ich achte drauf."
Zwei Stunden, fünf Gläser Rotwein und 35 Schnecken in Knoblauchbutter später erheben sich die Gäste und Renate S. bittet Rosi um ihren Mantel. Die Servierkraft verbleibt besorgniserregend lang im Hinterzimmer und kehrt dann, mit dem kreidebleichen Wirten im Schlepptau, kopfschüttelnd zurück, um Frau S. die Hiobsbotschaft zu verkünden, dass der kostbare Nerz nicht mehr aufzufinden sei. „Ich versteh nicht, wie das passieren konnte, Frau S., ich hab' alle zehn Minuten nach dem Mantel geschaut, bis vor einer halben

Stunde war er noch da", rechtfertigt sich Rosi mit dünner Stimme. Der Wirt, immer noch sehr blass, zuckt verlegen mit den Schultern und meint: „Das ist mir furchtbar unangenehm, Frau S., aber ich bin sicher, die Rosi trifft keine Schuld. Ich hab' sie selbst immer wieder ins Hinterzimmer laufen gesehen. Aber Sie wissen ja, wie das ist … Es kann schon sein, dass einer von den anderen Gästen das mitbekommen hat … Bitte nehmen Sie meine aufrichtige Entschuldigung an. Ich hoffe, Sie halten meinem Lokal trotzdem die Treue." Mit diesen Worten wirft er einen vielsagenden Blick auf das Hinweisschild „Für die Garderobe wird keine Haftung übernommen", zuckt noch einmal bedauernd mit den Schultern und tritt den Rückzug an.
Mit vor Wut und Empörung heiserer Stimme krächzt ihm Renate S. nach: „So einfach kommen Sie mir nicht davon, ich verklage Sie", und verlässt, mit den betroffen murmelnden Arbeitskollegen im Anhang, Türe knallend das Lokal. Und tatsächlich: Renate S. trägt vor Gericht einen Sieg davon. Der Wirt muss seinem Gast den wertvollen Mantel ersetzen. Durch die Aussage, dass das Kleidungsstück in Sicherheit sei (an einem anderen Ort als in der „öffentlichen" Gardarobe), und man darauf schauen würde, ist ein mündlicher Verwahrungsvertrag zustande gekommen, und der Geschäftsinhaber haftet bei Verlust.

Siehe dazu §§ 958, 961 und 975 ABGB

Tierquälerei

Pferde vor Fiaker zu spannen ist Tierquälerei, ebenso wie Hunde an der Leine hinter dem Fahrrad herlaufen zu lassen. Aber so lang Tiere als Sache gelten …

Da ist etwas Richtiges und etwas Falsches dran!
Zäumen wir das Pferd beim Schwanz auf: Tiere gelten laut Gesetz (ABGB) nicht als Sache, auch wenn viele Menschen das immer noch glauben. Allerdings ist der betreffende Paragraf ein wenig diffus formuliert, denn es heißt: „Die für Sachen geltenden Vorschriften sind auf Tiere nur insoweit anzuwenden, als keine abweichenden Regelungen bestehen." Aha!
Für das Quälen von Tieren gibt es einen eigenen Paragrafen im StGB der besagt, dass es strafbar ist, wenn man ein Tier roh misshandelt oder ihm unnötige Qualen zufügt, es aussetzt, obwohl es in der Freiheit zu leben unfähig ist, oder ein Tier auf ein anderes hetzt mit dem Vorsatz, dass es Qualen erleidet. Ebenso ist zu bestrafen, wer ein Wirbeltier mutwillig tötet.
Ergo: Das Strafgesetz zählt das Einspannen von Pferden vor Fiaker nicht zur Tierquälerei, obwohl laut StVO die Tiere zum Ziehen des Fuhrwerkes tauglich sein müssen und nicht verletzt, lahm oder übermüdet sein dürfen. Die Frage, wie man das mit der Übermüdung kontrollieren will, können wir leider nicht beantworten.
Verboten ist aber, so die StVO, das Halten von Tieren an einer Leine während der Fahrt, ebenso wie das Anhängen an ein sich bewegendes Fahrzeug.
Das war's dann aber fast auch schon mit Gesetzen zum Schutz der Tiere im ABGB, StGB oder in der StVO.
Laut österreichischem Tierschutzgesetz ist es allerdings auch verboten, Tieren Leistungen abzuverlangen, wenn diese mit Leiden, Schäden oder schwerer Angst für das Tier verbunden ist. Womit wir wieder bei den Fiakerpferden wären. Doch im Tierschutzgesetz ist auch zu

lesen, dass kein Verstoß vorliegt, wenn die Maßnahmen im Einklang mit veterinärrechtlichen Vorschriften vorgenommen werden. Na also! Näheres zu Massentierhaltung, Tiertransport, Tierzurschaustellung in Zoo und Zirkus, etc. findet man unter:

http://www.bmgfj.gv.at → Service → Downloads→ Tierschutz.
Siehe dazu außerdem §§ 74 und 99 Abs. 3 Z f StVO und § 222 StGB

Und was ist mit einem Gesetz, das Pflanzenquälerei bestraft? Also wir würden einem Menschen, der vor unseren Augen seinem Ficus die Blätter von den Zweigen rupft, die Hölle heiß machen. Sie nicht?

In der Familie

Zu einer friedlichen Familie kommt das Glück von selbst!
Chinesisches Sprichwort

Alles, was im Leben wichtig ist, beginnt innerhalb der Familie: Man lernt, wie ein soziales Zusammenspiel funktioniert und welche Regeln dabei einzuhalten sind.
Für Kleinkinder sind die „Gesetze" natürlich noch sehr simpel: Du darfst nicht lügen (Strafmilderungsgrund: In Not! Wenn die Nachbarin fragt, ob ihr neues Kleid schön sei, während sie Zuckerln in der Hand hält), du musst dein Zimmer regelmäßig aufräumen, du darfst nicht frech sein und du darfst keinem Lebewesen Leid zufügen – auch nicht der ekelhaften Spinne in deinem Zimmer!
Wird das Kind älter, verschärfen sich Strafmaßnahmen bei Verstößen gegen die bereits vorhandenen Bestimmungen, und es kommen neue hinzu. Bis man erwachsen ist, sieht man das Recht vor lauter Gesetzen nicht mehr. Erstaunlich viele davon regeln das Zusammenleben mit sowie die Rechte und Pflichten zwischen den einzelnen Familienmitgliedern; außerdem die finanziellen Belange und sozialen Probleme dieses – im Vergleich zur Gesamtheit der Gesellschaft – kleinen Personenkreises. Jeder Staat ist nur so gut, wie seine kleinste Zelle – also die Familie.
Nachdem die Tante Rosi aber immer alles besser weiß als der Opa Friedrich und Cousine Franziska meistens anderer Meinung ist als Onkel Günther, kommt es zwangsläufig zu Meinungsverschiedenheiten. Diese betreffen oft nicht nur Politik, Wirtschaft und die Emanzipation, sondern eben auch Rechte und Gesetze, bei deren Auslegung es innerhalb, aber auch zwischen den Generationen immer wieder zu Streitigkeiten kommt.

Vornamen

Ich darf meinem Kind jeden Namen geben, der schon mindestens einmal, in welcher Form auch immer, existiert.

Nicht in Österreich!
Während in den USA die Kinder nach einer Stadt (zum Beispiel in welcher sie gezeugt wurden), nach einem Auto (zum Beispiel in welchem sie gezeugt wurden), oder sogar nach einem Comic-Helden (äh … von welchem sie … nein, von welchem die Eltern begeistert sind) benannt werden dürfen, ist das hierzulande nicht erlaubt. Es gibt gewisse Regeln, die laut Personenschutzgesetz eingehalten werden müssen:
Der erste Vorname des Kindes muss dem Geschlecht entsprechen (erlaubt sind auch Namen, die für Jungen und Mädchen gebräuchlich sind, wie zum Beispiel Kim), ab dem zweiten ist das nicht mehr vorgeschrieben (ein Junge kann also zum Beispiel Gregor Maria heißen). Gebräuchliche Kurzformen des Namens sind zulässig, Koseformen nicht (zum Beispiel Tina für Martina, nicht aber Tinchen). Biblische Namen mit negativen Assoziationen wie Judas sind nicht erlaubt, Jesus hingegen darf das Kind genannt werden (ist in Spanien sogar ein recht häufiger Name). Markennamen sind nur dann zulässig, wenn sie mit bestehenden Vornamen identisch sind wie beispielsweise Persil. Der Name darf nicht lächerlich oder anstößig sein wie Pinocchio. Und ein Adelstitel als Vorname ist nicht zulässig.
Der Abklärung, ob ein bestimmter Vorname gebräuchlich und somit erlaubt ist, dient ein internationales Handbuch, das auf jedem Standesamt aufliegt. Auch die Auskunft eines sprachwissenschaftlichen Instituts oder einer ausländischen Botschaft kann hilfreich sein. Zur Anzahl der Vornamen gibt es in Österreich derzeit keine gesetzlichen Bestimmungen.

Siehe dazu § 21 PStG (Personenstandsgesetz)

Noch eine Kleinigkeit zu den Nachnamen: Ein akademischer Grad ist kein Bestandteil des Nachnamens, man kann ihn bei der Anrede also jederzeit weglassen. Und die Ehefrau eines Doktors ist in keinem Fall eine „Frau Doktor", sondern einfach nur „Frau + Nachname", auch wenn man heute noch oftmals hört: „Entweder du machst deinen Doktor auf der Uni oder du ‚erheiratest' Dir einen."

Elternhaftung

Eltern haften für ihre Kinder.

Nie und nimmer!
Das Schild mit der Aufschrift „Eltern haften für ihre Kinder" ist genauso überflüssig, wie zum Beispiel die Bemerkung „Heute sehen Sie aber besonders hübsch aus", wenn man mit einem lästigen widerborstigen Haarbüschel und einem feuerroten Pickel auf der Nase frühmorgens das Büro betritt. Eltern haften lediglich für ihr eigenes Verhalten, nämlich für die Verletzung oder Vernachlässigung der Aufsichtspflicht bei Minderjährigen unter 14 Jahren, die aber nicht in jedem Schadensfall zum Tragen kommt.
Das Ausmaß dieser Pflicht richtet sich nach dem Alter, den Eigenschaften und der Entwicklung des Kindes. Es wird allerdings keinesfalls erwartet, dass Eltern oder andere Personen, die rechtsgeschäftlich für eine gewisse Zeit die Aufsichtspflicht übernommen haben wie etwa Lehrer oder Kindermädchen, die Kleinen ständig unter Beobachtung und Kontrolle halten. Fährt also zum Beispiel der neunjährige Max allein mit seinem knallroten Fahrrad auf einer öffentlichen Straße spazieren und rammt dabei den Mercedes von Sigismund K., haftet die Aufsichtsperson für den entstandenen Schaden. Spielt hingegen der achtjährige Moritz mit den Nachbarskindern im Schnee und fliegt dabei ein weißes Geschoss durch die Scheibe des Bungalows

von Sigismund K., hat der Mann kein Recht auf Schadenersatz. Indessen gibt es noch die Möglichkeit der Billigkeitshaftung. Hier kann dem Kind ausnahmsweise eine Schadenersatzpflicht auferlegt werden, die eventuell von der in der Haushaltsversicherung enthaltenen Haftpflichtversicherung gedeckt wird.
Jugendliche ab 14 müssen angerichtete Schäden in jedem Fall selbst ersetzen. Und auch wenn Mami und Papi die Vorfinanzierung in den meisten Fällen übernehmen werden, sind sie gesetzlich nicht dazu verpflichtet.

Siehe dazu §§ 1309 f ABGB

Und wie sieht es aus, wenn Ihr pubertierendes Töchterchen mit schuldbewusster Miene und einem Schwindel erregend hohen Betrag auf ihrer Telefonrechnung vor Ihnen steht?
Eltern müssen die Schulden ihrer Kinder nicht bezahlen! Selbst wenn Sie den Handy-Vertrag genehmigt haben, darf der Netzanbieter die fällige Summe nicht einfach von Ihnen verlangen (außer, Sie haben eine schriftliche Bürgschaftserklärung abgegeben). Es liegt also an Ihnen, ob sie Ihrer kleinen Plaudertasche aus der Patsche helfen oder nicht. Übrigens ist auch das Kind nicht zur Zahlung verpflichtet, wenn es dazu nicht in der Lage ist (was nicht heißt, dass der Gläubiger nicht Jahre später seinen Anspruch doch noch geltend machen kann).
Anders sieht es natürlich beim Festnetzanschluss aus, der auf die Eltern angemeldet ist. Hier haben sie dafür Sorge zu tragen, dass die Kinder nicht zu viel telefonieren, um sich die Gesprächsgebühren auch leisten zu können. Und dasselbe gilt für gebührenpflichtige Homepages, die dazu noch meist mit einem „Fairplay"-Passus versehen sind.

Siehe dazu §§ 151 ff ABGB

Mitgift

Im modernen Europa gibt es keine Mitgift mehr.

Welch ein Irrtum!
Es stimmt zwar, dass das Wort „Mitgift“ aus der Mode gekommen ist. Doch hat es auch früher schon nicht bedeutet, dass man dem unsympathischen Schwiegersohn, der so gar nicht zur geliebten Tochter und schon gar nicht in die Familie passt, während der Hochzeitsfeier etwas ins Glas kippt. Gemeint ist damit viel mehr die Gabe (vom althochdeutschen Wort „gift“), sprich der Zuschuss, der heute üblicherweise meist in Form von Bargeld getätigt wird zur Unterstützung der Hausstandsgründung des Paares. Die Mitgift, oder auch Aussteuer, wird im ABGB „Heiratsgut“ genannt und bezeichnet die Gabe seitens der Familie der Ehegattin – im Gegensatz zur Widerlage des Ehemannes und seiner Ausstattung (damit sind allerdings nur materielle Mitbringsel in die Ehe gemeint, meine Damen!). Der Umfang des Anspruches richtet sich nach den Vermögensverhältnissen der Eltern, üblicherweise wird ein Betrag in der Höhe von 25 bis 30 Prozent des Jahresnettoeinkommens für angemessen gehalten.
Die Voraussetzung für einen derartigen Anspruch, den man auch rechtlich geltend machen kann, ist allerdings, dass das Kind nicht über ein nennenswertes eigenes Vermögen verfügt (das Vermögen des Ehepartners ist dabei nicht relevant). Sind die Eltern jedoch finanziell nicht in der Lage, diese Beisteuerung zu leisten, können auch die Großeltern herangezogen werden. Die Ausstattungspflicht entfällt, wenn das Kind verzichtet hat, wenn es ohne Wissen oder gegen den begründeten Willen der Eltern heiratet oder wenn die Ausstattung schon einmal gewährt wurde.
Zu guter Letzt sei noch die Morgengabe erwähnt. Dabei handelt es sich um eine Zuwendung in Form von Geld oder Gütern, die der Bräutigam der Braut nach dem Vollzug der Ehe zu überreichen hat (wird eventuell umso großzügiger ausfallen, je heißer die Nacht war).

Die Morgengabe ist heute – leider – nur noch von geringer Bedeutung (außer in der islamischen Rechtsordnung).

Siehe dazu §§ 1220 ff, 1227, 1230 f und 1232 3) ABGB

Romantische Trauung

Schatz, wir lassen uns während unserer Fahrt auf der Donau vom Schiffskapitän trauen – das ist total romantisch.

Mit dem Schiff in den Hafen der Ehe. Diese Symbolträchtigkeit bezieht sich allerdings nicht nur auf die Örtlichkeit, sondern auch auf die Sprüche des Kapitäns. Eine von ihm vorgenommene Trauung ist nämlich nicht rechtskräftig und tatsächlich nur rein symbolischer Natur!
Und wenn ein fescher Mann mit graumelierten Schläfen und aufrechter Haltung, gekleidet mit einer schneeweißen Uniform, Liebende trauen dürfte, wäre jeder Führer eines Tankschiffes in Ölzeug und Gummistiefeln ja auch dazu berechtigt (immer noch romantisch?).
Eine Trauung kann, damit die Ehe auch Gültigkeit hat, ausschließlich von einem Standesbeamten vorgenommen werden. Auch die Zeremonie nach einem religiösen Ritus, und mögen die Worte des Priesters, Pfarrers oder Rabbiners noch so salbungsvoll und inbrünstig klingen, hat ausschließlich symbolhaften Charakter.

Siehe dazu § 17 EheG

Prinzipiell besteht die Möglichkeit überall zu heiraten, sei es am Grunde eines Sees, an einem Bungee-Seil baumelnd oder aber im Kreise der Schausteller in der Zirkusarena. Man braucht dazu aber erstens die Erlaubnis des zuständigen Standesamtes und muss danach zweitens den Standesbeamten dazu bringen mitzumachen (wird er vielleicht, wenn er tauchen kann, schwindelfrei ist oder keine Angst vor wilden Tieren hat).

Zur Gültigkeit von im Ausland geschlossenen Ehen siehe:
http://www.bmeia.gv.at → *Bürgerservice* → *Eheschließung im Ausland*

Aufhebung der Ehe

Hat mich mein Mann vor der Hochzeit glauben lassen, er sei reich, obwohl er nur ein Durchschnittsverdiener ist, kann ich die Aufhebung der Ehe verlangen.

Das wäre irgendwie gemein, oder?
Nur weil der Mann, den Sie angeblich lieben, statt einen BMW (den er sich jedes Mal von seinem Freund Franz geliehen hat, wenn er mit Ihnen ausgegangen ist) einen Ford Fiesta fährt und doch kein Oberarzt, sondern Tierpfleger ist, können Sie die Ehe nicht einfach aufheben lassen. Der arme Kerl hat wahrscheinlich pekuniäre Komplexe, die ihm von seinen früheren Freundinnen eingeredet wurden, von der rothaarigen Friseurin Sabine und von der wasserstoffblonden Kosmetikerin Patricia, deren finanziellen Ansprüchen er nie gerecht werden konnte. Und weil er Sie nicht auch noch verlieren wollte, hat er sich bei jedem Date in seinen besten Anzug geworfen, sich literweise Aftershave ins Gesicht geklatscht (obwohl er, jetzt im Nachhinein betrachtet, trotzdem irgendwie immer nach Stall roch), das fremde Auto abgeholt und dem Franz wieder voll getankt zurückgebracht! Und Sie wollen sich von ihm trennen? Wie herzlos! Haben Sie denn gar keinen Verdacht geschöpft, als er immer wieder einen Grund gefunden hat, um Sie nicht in seine tolle Villa einladen zu müssen? Also

entweder, Sie finden sich damit ab, dass der frisch Angetraute nicht das Prachtexemplar von Mann ist, das Sie glauben verdient zu haben, oder Sie lassen sich ganz einfach wieder scheiden. Hätte der Gute Ihnen allerdings verschwiegen, dass er impotent oder zeugungsunfähig ist, wäre die Aufhebung der Ehe nur eine Formalität.
Weitere gute Gründe: Mangel der Einwilligung des gesetzlichen Vertreters, Zwangsheirat, Drohung, aber auch das Überleben eines für tot erklärten früheren Ehegatten.

Siehe dazu §§ 37 ff EheG und § 193 StGB

Der Lotto-Sechser in der Ehe

Gewinnt mein Ehepartner im Lotto oder erbt Millionen, muss er mit mir teilen.

Das stimmt nur zum Teil!
Weder während der Ehe noch nach der Scheidung steht dem Gatten oder der Gattin auch nur ein Cent einer Erbschaft oder eines Geldgeschenkes zu. Ein Lottogewinn hingegen fällt, ohne dass dieser Umstand irgendwo oder irgendwie im Ehegesetz erwähnt oder gar plausibel erklärt wird, unter den Begriff „Erspartes", das aufzuteilen ist. Der Gesetzgeber rechtfertigt (laut einer Entscheidung des Obersten Gerichtshofes aus dem Jahr 1996) diese Entscheidung folgendermaßen: Da die in das Glücksspiel investierte Summe einen, wenn auch geringen, gemeinsamen Konsumverzicht notwendig machte, gilt der Gewinn als „Sparakt".

Siehe dazu §§ 81 und 82 Abs. 1 EheG

Scheidungsgründe

Sexuelle Unlust oder die Weigerung, im Haushalt zu helfen, sind doch keine Scheidungsgründe.

Doch, doch, sind sie!
Korrekt ausgedrückt sind es Verfehlungen, aufgrund derer man schuldhaft geschieden werden kann. Wobei es schwere Eheverfehlungen gibt, und leichte (alle Verletzungen der ehelichen Pflicht, die bei einmaligem Vorkommen noch nicht für eine Scheidung ausreichen). Häufen sich letztere jedoch oder werden zum Dauerzustand, gelten sie als schwerwiegend. Auch mehrere unterschiedliche leichte Verletzungen ergeben zusammen eine schwerwiegende. Zu den schweren Verfehlungen gehören der ungerechtfertige Seitensprung (wenn beispielsweise keine sexuelle Unlust des Gatten über einen längeren Zeitraum vorliegt), die Zufügung von physischer und psychischer Gewalt und die beharrliche, grundlose Verweigerung des Geschlechtsverkehrs (ein Grund wäre zum Beispiel eine sexuell übertragbare Krankheit).
Zu den leichten Verfehlungen zählt zum Beispiel die Weigerung, gemeinsam Freizeit zu verbringen oder im Haushalt mitzuhelfen. In Österreich gibt es von Gesetzes wegen keine „Hausfrauenehe“ (ausschließlich der Mann bringt das Geld nach Hause und ausschließlich die Frau kümmert sich um den Haushalt und die Kindererziehung), deshalb hat auch der berufstätige Partner den anderen in zumutbarem Rahmen zu unterstützen. Weiters zählen unbegründetes Aussperren des Ehegatten aus dem Schlafzimmer (begründet wäre diese Handlung etwa, wenn Gefahr besteht, dass jemand sich oder anderen Schaden zufügt), grundlose Eifersucht und Nachspionieren sowie grundlose, freundschaftliche Beziehung zum anderen Geschlecht (so diese den Rahmen des Üblichen übersteigen; wenn zum Beispiel der Mann seinen Urlaub mit einer anderen Frau verbringt und behauptet, das wäre alles rein freundschaftlich und da sei nichts, aber auch gar nichts,

„gelaufen"). Auch die Bloßstellung (Verspotten, Anschreien …) des Partners in der Öffentlichkeit und die Verweigerung der Fortpflanzung gelten als Verfehlungen. Es muss aber dazu gesagt werden, dass die Bewertung der Einzelfälle schwierig ist und meist viel anwaltliches Fingerspitzengefühl erfordert.

Siehe dazu §§ 44 und 49 ff EheG und §§ 89 – 100 ABGB

Unterhalt

Unterhalt steht mir erst nach der Scheidung zu.

Dann auch, ja. Aber vorher ebenfalls.
Jeder Mann und auch jede Frau sind verpflichtet, auch während der aufrechten Ehe zur Deckung der Bedürfnisse des Partners zu sorgen. Doch mit dem monatlich mit gnädiger Miene überreichten Haushaltsgeld ist es lang nicht getan, dem Nichtverdiener oder Einkommensschwächeren steht auch ein angemessenes „Taschengeld" zu. Über die Höhe des Anspruches gibt es allerdings keine eindeutige gesetzliche Regelung, orientieren kann man sich aber an Prozentsätzen des Nettoeinkommens des Unterhaltspflichtigen.
Der Haushalt führende Ehegatte, der keiner Erwerbstätigkeit nachgeht, hat Anspruch auf 33 Prozent des Nettoeinkommens des Partners, wobei für jedes unterhaltspflichtige Kind vier Prozent in Abzug gebracht werden.
Geht die Ehefrau von Stanislaus G. jedoch arbeiten, ist ihr Verdienst aber geringer als der ihres Mannes, hat sie einen Ergänzungsanspruch von 40 Prozent des gesamten Nettofamilieneinkommens abzüglich des eigenen Einkommens.
Im Fall des gemeinsamen Wohnens sind jedoch auch Naturalleistungen zulässig. Nein, Stanislaus G. kann sich nicht vor dem Unterhalt

drücken, indem er sich das „Kamasutra" zu Gemüte führt und seine Schulden dann im ehelichen Schlafzimmer abarbeitet. Es geht dabei um die Bezahlung der Mietkosten, der Kreditzinsen und sonstiger Ausgaben. An sich kann der Unterhalt ganz oder zumindest teilweise in Geld gefordert werden, es sei denn, das Einkommen des Ehegatten wäre sehr gering.

Siehe dazu § 94 ABGB

Im Gegensatz zu dem während aufrechter Ehe bestehenden Unterhaltsanspruches hängt der dem Ehepartner nach der Scheidung zustehende Unterhalt in den meisten Fällen vom Schuldausspruch ab. Es besteht dabei unter speziellen Voraussetzungen eventuell ein verschuldensunabhängiger Unterhaltsanspruch (notdürftiger Unterhalt).

Siehe dazu http://www.help.gv.at → Suche Unterhalt und *§§ 66 ff EheG*

Entmündigung/Einweisung

Wir lassen Oma entmündigen oder in die Klapsmühle einweisen und können dann über ihr Geld verfügen.

So einfach ist das nicht!
Erstens gibt es seit 1984 den rechtlichen Begriff „Entmündigung" nicht mehr – er wurde durch „Sachwalterschaft" ersetzt –, doch noch immer geht es dabei um die Aufhebung oder Beschränkung der Geschäftsfähigkeit eines Menschen, also auch um seine Würde.
Menschen, die aufgrund einer geistigen Behinderung oder psychischen Erkrankung nicht oder nicht mehr in der Lage sind, ihre eigenen Interessen zu wahren, können zwar unter anderem von einem Angehörigen mittels Vertreterbefugnis geschützt werden, allerdings

darf dieser für den Betroffenen nur die Rechtsgeschäfte des täglichen Lebens besorgen. Der Zugriff auf Konten oder Sparbücher ist dem Angehörigen dadurch aber nicht erlaubt. Ätsch!
In ein psychiatrisches Krankenhaus, abwertend auch „Klapsmühle" genannt, darf laut Unterbringungsgesetz nur eine Person eingeliefert werden, bei welcher die drei folgenden Punkte gleichzeitig zutreffen:
1. Sie muss psychisch krank sein,
2. eine ernste Gefahr für Leben oder Gesundheit für sich und andere darstellen,
3. muss es an ausreichenden anderen Behandlungs- oder Betreuungsmöglichkeiten fehlen.
Der Rechtsschutz des Unterbringungsgesetzes findet allerdings keine Anwendung auf geistig behinderte oder pflegebedürftige Menschen. Gegen ihren Willen kann eine Person nur dann in einer Anstalt untergebracht werden, wenn ein im öffentlichen Sanitätsdienst stehender Arzt oder ein Polizeiarzt die Notwendigkeit dazu bescheinigt. Hatte die betroffene Person bis dahin keinen gesetzlichen Vertreter, bestimmt in diesem Fall das Gericht einen von den Krankenanstalten unabhängigen Patientenanwalt, der seinen Klienten unterstützt und seine Rechte und Interessen vertritt.

Siehe dazu http://www.patientenanwaltschaft.at und *§§ 3 ff UbG*

Die Urne zu Hause

Deine Mama kann nach ihrem Tod nicht in einer Urne bei uns im Wohnzimmer stehen, es besteht die Pflicht zur Beisetzung auf einem Friedhof.

Hier ist wohl der Wunsch der Vater des schwiegerkindlichen Gedankens!
Doch trotz prinzipiellen „Friedhofzwangs" ist es in Österreich in den

meisten Bundesländern gestattet, die Aschenurne eines verstorbenen Familienmitgliedes zu Hause aufzubewahren. Eine solche Privatbegräbnisstätte muss aber behördlich genehmigt werden, entweder vom zuständigen Magistrat oder in kleineren Gemeinden vom Bürgermeister. Voraussetzung dafür ist, dass der Verstorbene vor seinem Tod in einer Verfügung eine Person namhaft gemacht hat, der er die Asche auf Dauer anvertrauen will. Diese Person muss die Verfügung auch angenommen haben.
Außerdem benötigt man eine schriftliche Einverständniserklärung des Grund- oder Liegenschaftseigentümers der Wohnung oder des Hauses inklusive Lageplan mit der gekennzeichneten Stelle, an der die Urne stehen soll. Dazu ist zu beachten, dass der „Aufbewahrungsort" als Gedenkstätte erkennbar sein muss (Foto der verstorbenen Person, Kerzen, Engerln …). Ob es jedoch zu einer gemütlichen Atmosphäre im Heim beiträgt, wenn man tagtäglich nicht nur mit einem Bild, sondern auch mit den sterblichen Überresten derjenigen Person konfrontiert ist, sei dahingestellt. Äußert Ihr Partner nun zum Beispiel tatsächlich den Wunsch, seine Mama nach ihrem Tod bei sich aufzunehmen, überlegen Sie sich das gründlich und lehnen Sie ab, bevor Sie sich Tag und Nacht beobachtet fühlen …
Hat der Verstorbene allerdings keine Verfügung hinterlassen, die der Verwahrung seiner Urne auf dem Friedhof widerspricht, muss man das akzeptieren. Es ist nämlich strafbar, etwa den eingeäscherten Ehemann samt Behältnis von der geplanten Beisetzungsstätte zu entwenden, weil der Gatte nicht den Rest seines Todes auf dem Nachtkästchen im ehelichen Schlafzimmer neben seiner Gattin verbringen will, sondern eben woanders seine letzte Ruhe haben möchte.

Siehe dazu § 190 StGB

Doch es gibt auch noch andere Möglichkeiten, zum Beispiel die, seine Asche auf direktem Weg dem Kreislauf der Natur zuführen zu lassen. Die meisten dieser Bestattungsarten können nur außerhalb unseres

Landes durchgeführt werden. Da jedoch kein Gesetz existiert, nach dem ein Österreicher auch in Österreich beigesetzt werden muss, steht einer kleinen Reise ins Ausland, bequem in der Urne auf dem Rücksitz eines Autos, überhaupt nichts im Wege. An folgenden Orten kann das finale Schläfchen in den Armen von Mutter Natur gehalten werden:

- Baumbestattung im „Wald der Ewigkeit" in Bratislava;
- die Verstreuung der Asche auf einer Wiese (in der Schweiz und in der Slowakei);
- Bergbestattung („Oase der Ewigkeit" in der Schweiz);
- Einstreuung der Asche in eine Wasserfontäne in Budapest.
- Oder aber, man lässt sich zu einem Diamanten pressen und vererbt sich zum Beispiel der Enkeltochter (*siehe dazu http://www.algordanza.at*).
- Eine Seebestattung ist in allen Weltmeeren und selbst in Wien an der Donau möglich.
- Ganz energetisch, im Kraftzentrum der „Himmelsspirale", wird man auf Wunsch in Graz nach den Elementen Erde, Wasser und Luft bestattet.

Die Kosten für all diese Rückführungen in den Naturkreislauf liegen zwischen 700 und 2.200 Euro.

Man kann aber auch aufs Verbrennen pfeifen und begnügt sich mit der herkömmlichen Holzkiste, in der man im Familiengrab auf Onkel Eddi und Tante Josefine gestapelt wird und ein leckeres Mal für Familie Wurm abgibt.

Siehe dazu http://www.naturbestattung.at

Organspende

Onkel Theodor hätte sicher gern seine Organe zur Verfügung gestellt – jetzt ist es zu spät, er hat sich nie einen Spenderausweis angeschafft.

Der verblichene Onkel Theodor kann in Frieden ruhen, denn sollten seine Organe intakt sein, dürfen sie, nach seinem vom Arzt festgestellten Hirntod, jederzeit zu medizinischen Zwecken entnommen werden.
Der Gesetzgeber in unserem Land geht davon aus, dass jeder Österreicher mit einer solchen Vorgehensweise einverstanden ist, wenn nicht, muss er dies, natürlich vor seinem Tod, festhalten lassen – es gilt bei uns also die so genannte Widerspruchsregelung (in Deutschland oder beispielsweise in Großbritannien hingegen muss man der Organentnahme nach seinem Ableben ausdrücklich zustimmen und benötigt tatsächlich einen Organspenderausweis). Das heißt, wurde nichts Gegenteiliges von Ihnen verfügt, sind Sie Ihre Organe unter Umständen nach dem Tod ruck zuck los. Wollen Sie aber mit Leber & Co beerdigt oder verbrannt werden, können Sie ein Widerspruchsformular anfordern (*ÖBIG-Transplant, Stubenring 6, 1010 Wien*) und ausgefüllt retour senden. Danach werden Ihre Daten in ein Register übernommen, welches von allen Krankenanstalten mit Hilfe eines Kennwortes jederzeit einsehbar ist.
Eine andere Möglichkeit stellt die Patientenverfügung dar, in der Sie ausdrücklich darauf hinweisen, dass Sie ihre Organe behalten wollen. Diese Verfügung wird entweder beim Hausarzt, bei einem Anwalt, oder bei einer Person Ihres Vertrauens hinterlegt. Einen Hinweis darauf sollte man natürlich stets bei sich tragen.

Siehe dazu § 62a KAKuG

Der Pflichtteil des Erbes

Wenn Papa stirbt, hab ich Anspruch auf einen Pflichtteil des Erbes.

Schon, aber nur, wenn Sie brav gewesen sind!
Im Prinzip kann jeder Mensch in seinem Testament frei über seinen Nachlass verfügen. Damit dieses Gültigkeit hat sind bestimmte formale Regeln zu beachten (*siehe dazu http://www.help.gv.at /Suchwort „Testament"*). Allerdings ist vom Gesetz vorgeschrieben, dass der Erblasser gewisse Personen bedenken *muss*: seine Nachkommen und den Ehegatten. Sind keine Kinder vorhanden, auch seine Vorfahren. Geschwister haben *kein* Pflichtteilsrecht.
Nun gibt es aber Ausnahmen zu dieser Regelung: Der Pflichtteil kann, wenn zu keiner Zeit ein Naheverhältnis bestanden hat (zum Beispiel der Erblasser sein Kind nie gesehen hat oder dergleichen), auf die Hälfte gemindert werden. Zur Gänze enterben kann man einen Pflichtteilsberechtigten dann, wenn er den Erblasser in einer Notsituation im Stich gelassen hat, er wegen einer strafbaren Handlung zu einer langen Freiheitsstrafe verurteilt wurde, sein Lebenswandel gegen die guten Sitten verstößt (zum Beispiel Prostitution) oder er den gesamten Nachlass zum Beispiel verzocken würde (weil er nachweislich spielsüchtig ist). In solchen Fällen erhalten den Pflichtteil dessen Kinder. Sind Sie also der Sohn oder die Tochter eines alten, herzkranken Mannes, brauchen Sie sich nicht die Mühe machen, täglich (wenn Sie Ihren alten Herrn üblicherweise nur am Wochenende besuchen) im Trachtenoutfit anzutanzen (wenn Sie sonst nur Bikerklamotten tragen) – Sie erben sowieso.
Netter wäre es aber allemal, sich immer liebevoll um die alten Eltern zu kümmern – egal ob als angepasstes Engelchen oder als rebellisches Teufelchen.

Siehe dazu §§ 762 – 786 ABGB

Das Testament

An eine Erbschaft darf nicht die Bedingung geknüpft sein, eine bestimmte Person nicht heiraten zu dürfen.

Doch, ja, das geht.
Wenn Onkel Poldi die Vroni nicht mag, in die sich der Großneffe Seppi verliebt hat, weil sie die Enkeltochter vom Huber-Bauern ist, der immer damit angibt, die besseren Milchkühe und den teureren Traktor zu besitzen, kann in seinem letzten Willen ein Heiratsverbot vermerkt sein (dieser Hinweis muss sich allerdings auf eine einzige Person beschränken). Der Onkel Poldi kann auch seiner Ehefrau Gerti auferlegen, so die beiden gemeinsame Kinder haben, sich nach seinem Tod nicht mehr vermählen zu dürfen. Vielleicht hat gerade erwähnter Huber-Bauer der Gerti schon die ganze Zeit über schöne Augen gemacht, während er, Poldi, schon von der Krankheit geschwächt, Tag und Nacht im Ohrensessel vor dem Kamin saß. Möglicherweise hat die Gerti ihm erzählt, dass der Huber-Bauer bereit wäre, in ihren maroden Hof zu investieren und seine guten Milchkühe und den Traktor mit ihr zu teilen, wenn sie ihm, nach Poldis Ableben, das Ja-Wort gäbe. Dann könnte der eifersüchtige Poldi, sofern ihm dieses Geständnis nicht sowieso schon den finalen Todesstoß versetzt hat, im Testament einer solchen Hochzeit den Riegel vorschieben.
Es ist übrigens ebenfalls zulässig, andere Bedingungen an die Erbschaft zu knüpfen. Wenn der Onkel Poldi also zum Beispiel unbedingt möchte, dass das Enkeltöchterchen Schaki, sorry: Jacqueline, seine Wertpapiere nur dann erhält, wenn sie ihr Medizinstudium beendet, ist das rechtens. Ein generelles Heiratsverbot (außer der Hinterbliebene ist bereits verwitwet und hat zumindest ein Kind) oder das Verbot der Verehelichung mit einer Person einer bestimmten Religions- oder Staatszugehörigkeit ist sittenwidrig und daher ungültig.

Siehe dazu §§ 695 ff ABGB

Für Kinder und Jugendliche

Die Jugend soll ihre eigenen Wege gehen, aber ein paar Wegweiser können nicht schaden.
Pearl S. Buck, US-Schriftstellerin
(1892–1973)

Gerade Kinder und Jugendliche haben wenig Ahnung von ihren Rechten. Oder aber sie glauben genau zu wissen, was ihnen erlaubt werden muss, weil sie ihr bester Kumpel mit den total coolen Eltern eingehend darüber informiert hat. Nun gedenken sie, diese Freiheiten ohne Wenn und Aber ebenfalls uneingeschränkt einfordern zu können. Oft sind dann Mutter und Vater ratlos und wissen selbst nicht so genau, was sie dem Sprössling nun eigentlich noch verbieten dürfen.

Ergänzend soll hinzugefügt werden, dass es sich bei dem Pendant zum besten Kumpel des Sohnes bei den Mädels oft um die Busenfreundin handelt, deren alleinstehende, superlässige Mutter ihre Tochter beinahe komplett ohne Verbote erzieht.

Folgend nun die gängigsten Irrtümer im Kinder- und Jugendrecht, zur Info für die Heranwachsenden, aber auch zur Hilfestellung für die pubertätsentnervten Eltern. Zu beachten ist allerdings, dass die Regelungen im Jugendschutzgesetz von Bundesland zu Bundesland verschieden sind. Eine österreichweite Vereinheitlichung ist derzeit noch nicht in Sicht, diese scheitert, trotz vehementer Forderung der Kinder- und Jugendanwälte, zahlreicher Jugendorganisationen und des Bundesministeriums für Gesundheit, Familie und Jugend am Widerstand der Länder.

Kind/Jugendlicher/Erwachsener

Wenn ich etwas angestellt habe, bin ich noch ein Kind, aber ein Jugendlicher, wenn ich fast wie ein Erwachsener behandelt werden möchte.

Na klar! Wäre ja super, könnte man sich aussuchen, was man in der jeweiligen Situation gerade sein möchte.
Bei den Eltern mag das ja durchgehen, wenn man Mama, mit dem Stimmbruch spielend, niederkrächzt oder Papa mit einem gekonnten Augenaufschlag lahm legt. Der Gesetzgeber hingegen ist immun gegen hormonelle Schwankungen und Koketterie. Ihr seid nach den Jugendschutzbestimmungen und laut ABGB (*§§ 21 und 865*) Kinder bis zur Vollendung des sechsten Lebensjahres, von sieben bis 13 unmündige Minderjährige und ab dem vollendeten 14. bis zum 18. Lebensjahr mündige Minderjährige (nur Verheiratete, Zivil- oder Wehrdiener gelten auch schon vorher als erwachsen).
Mit 14 sind junge Menschen deliktfähig und strafmündig, das heißt, sie können für rechtswidrige Handlungen zum Schadenersatz aufgefordert werden. *Vor* dieser Altersgrenze müssen diesen die Eltern leisten, sofern ihnen eine Verletzung der Aufsichtspflicht nachgewiesen werden kann. Für Straftaten können 14-Jährige gerichtlich zur Verantwortung gezogen werden. Allerdings gibt es für Jungendliche eigene Verfahrensbestimmungen, die zum Teil auch auf so genannte junge Erwachsene bis 21 anzuwenden sind. Damit verbunden ist auch ein verminderter Strafrahmen.
Ab dem vollendeten 16. Lebensjahr dürfen Alkohol und Nikotin konsumiert werden, wobei hier natürlich immer das Wohl des Jugendlichen und nicht das Gesetz Vorrang hat, was sich speziell Gastwirte zu Herzen nehmen und beachten sollten. Ab 16 besteht außerdem aktives Wahlrecht.
Ab dem vollendeten 18. Lebensjahr ist ein Mensch volljährig, das bedeutet, dass ab diesem Zeitpunkt die Kinder- und Jugendschutzge-

setze keine Anwendung mehr finden. Mit Beginn der Volljährigkeit darf auch geheiratet werden. Sollte die Liebe schon früher einschlagen und sollten zwei Menschen glauben, ohne Brief und Siegel oder Gottes Segen sei dieselbe nichts wert, können sie bei Gericht die Ehemündigkeit der Frau oder die des Mannes beantragen, vorausgesetzt, die Person hat das 16. und der Partner das 18. Lebensjahr vollendet.

Siehe dazu § 175 ABGB

Ausgehen am Abend

Ich darf am Abend so lang weg bleiben, wie es das Jugendschutzgesetz erlaubt.

Nein, ihr Süßen!
Wie lang ihr auf einer Party bleiben oder mit Freunden um die Häuser ziehen dürft, entscheiden immer noch eure Eltern. Die vom Gesetz vorgegebenen Zeiten sind als Richtwerte zu verstehen, damit Mama und Papa nicht auf die Informationen aus ihrer eigenen Jugend zurückgreifen müssen, was für euch sicher nicht von Vorteil wäre. Die genauen Ausgehzeiten, sowie Regelungen zur Begleitung einer Aufsichtsperson (Eltern und Erziehungsberechtigte, sowie Personen über 18 Jahre, denen die Mutter oder der Vater die Aufsicht anvertraut haben) findet man unter:

http://www.kija.at

Aufenthaltsorte

Bis zu der Uhrzeit, um die ich zu Hause sein muss, kann ich mich aufhalten, wo ich will.

Das stimmt ganz und gar nicht!
Ganz sicher werden Eltern nichts dagegen einzuwenden haben, wenn sich ihr Kind bei guten Freunden, in jugendgerechten Lokalen oder im Freien aufhält, so lang an diesen Orten nicht mit „schlechtem Umgang" zu rechnen ist. Weniger geeignet – vor allem zum groß Herum-Posaunen – sind Kumpels, dessen Eltern gern Bob Marley hören und eigenartige Pflanzen im Garten züchten; Bars, wo bevorzugt stadtbekannte Unruhestifter einkehren oder Plätze wie der Wiener Prater nach Einbruch der Dunkelheit, weil sich hier nicht nur das Rotlicht-Milieu breit gemacht hat, sondern weil es auch schwierig ist, wegen der Weitläufigkeit des Areals die persönliche Sicherheit zu gewährleisten.
Doch auch das Jugendschutzgesetz untersagt Teenagern den Aufenthalt an gewissen Lokalitäten. Dazu zählen bis zum vollendeten 18. Lebensjahr Bordelle, Peepshows, Swinger-Klubs, Branntweinschänken, Wettbüros, Spielhallen und ähnliche Einrichtungen.
Details, die auch die bundeslandspezifischen Abweichungen betreffen, sind nachzulesen unter:

http://www.jungendinfo.at → *Suche Rechte-Pflichten* oder
→ *Suche Jugendschutz*

Tabak/Alkohol/Drogen

Wenn ich unterwegs bin, kann ich rauchen und Alkohol trinken, so lang meine Eltern nichts davon bemerken.

Nicht nur deine Mutter und dein Vater haben etwas dagegen, wenn du dich betrinkst oder/und Zigaretten qualmst, sondern auch der Gesetzgeber!
Nach den Jugendschutzgesetzen ist es bis zum 16. Lebensjahr definitiv verboten, in der Öffentlichkeit alkoholische Getränke und Tabak

zu konsumieren. In manchen Bundesländern darfst du, auch wenn du älter bist, keine „harten“ Sachen (Spirituosen) trinken, egal ob diese vorgefertigt (Alkopops) oder selbst gemischt sind. Es ist davon abgesehen außerdem auch gar nicht erlaubt, alkoholische Getränke und Tabak an junge Menschen bis zum 16. Lebensjahr in der Öffentlichkeit abzugeben, woran sich leider nicht alle Erwachsenen halten.
Auch wenn das Schlagwort „Komatrinken“ seit einiger Zeit durch die Medien geistert: Volllaufen lassen haben sich viele Jugendliche früher auch schon, entweder um der Enthemmung willen oder weil sie mit trinkfesten Freunden mithalten wollten – und daran hat sich bis heute eben nichts geändert. Hier kann nur weiterhin mit konsequenten Maßnahmen und Informationskampagnen hinsichtlich der Folgen übermäßigen Alkoholkonsums dagegen gehalten werden. In der Hoffnung, dass irgendetwas davon fruchtet.

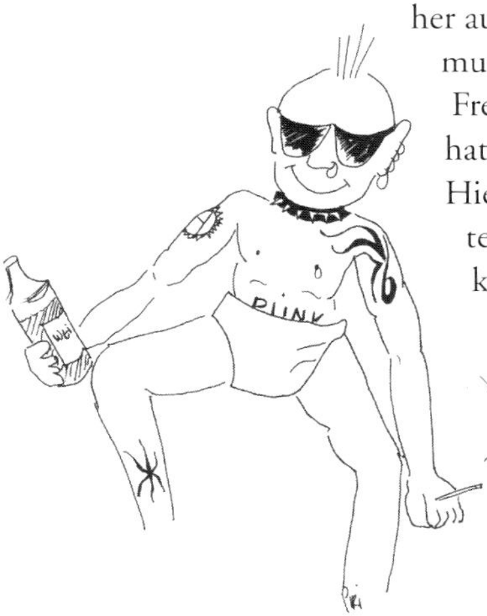

Zu bedenken sind bei diversen Sauforgien aber nicht nur die gesundheitlichen Einbußen, sondern auch die finanziellen. Denn selbst wenn man sich die vier Krügerl beim Zeltfest leisten kann, während ein drittklassiger Entertainer volkstümliche Weisen grölt, könnte ein ausgewachsener Rausch richtig teuer werden. Sollte man nämlich nicht mehr in der Lage sein gerade zu stehen, sich permanent erbrechen oder gar das Bewusstsein verlieren, weshalb der Notarzt gerufen werden muss, hat man für diesen Einsatz meist selbst aufzukommen (nicht gesetzlich geregelter Selbstbehalt 500 bis 1.000 Euro).
Der Konsum von Rauschmitteln wie Marihuana oder Haschisch ist vom Gesetzgeber zwar nicht ausdrücklich verboten oder unter Strafe gestellt, der Erwerb, die Weitergabe oder der Besitz hingegen schon.

Es wird aber irgendwie schwierig werden, einen Joint zu drehen, bevor man den Stoff erworben hat, und wenn man bloß „einen Zug macht", wird das unter Umständen bereits als „Besitz", das Weiterreichen des Tütchens eventuell als „Weitergabe" von Cannabis eingestuft.

Autostopp

Wenn ich schon längst zu Hause sein sollte, aber eine halbe Stunde auf den Bus warten müsste, darf ich auch Autostoppen.

Generell ist dazu zu sagen: Daumen weg vom Autostopp!
Denn das bloße Einsteigen in ein fremdes Fahrzeug kann schon gefährlich sein.
Von Gesetzes wegen verboten ist das Mitfahren mit Fremden:
- in der Steiermark bis zum vollendeten 15. Lebensjahr, außer mit einer Aufsichtsperson oder in Notsituationen,
- in Kärnten und Vorarlberg bis zum 14. Lebensjahr, davor nur dann, wenn ein Notfall vorliegt.
- In allen anderen Bundesländern ist das Daumen Heben generell erlaubt.

Das Einsteigen in ein Auto zu Personen, die das Kind oder den Jugendlichen kennen, ist nicht ausdrücklich verboten.

Einkaufen

Sobald ich Taschengeld bekomme, kann ich damit kaufen, was ich will.

So einfach ist das leider nicht!
Kinder unter sieben Jahren sind vollkommen geschäftsunfähig, außer

bei einem altersüblichen Rechtsgeschäft (zum Beispiel Kauf von Zuckerln), wobei dieses erst mit der Erfüllung der Gegenleistung wirksam ist.
Natürlich wird kein Polizist einen Sechsjährigen oder dessen Eltern verhaften, wenn er das Kind beim Erwerb eines Filmes, in dem Untote mordend durchs Land ziehen, erwischt. In diesem Fall wird wohl eher die betreffende Verkäuferin zur Verantwortung gezogen, auch wenn diese Zombies für Verwandte der „Addams Family" und den Streifen für eine familienfreundliche Komödie hält. Auch bis zum vollendeten 14. Lebensjahr dürfen so genannte unmündige Minderjährige laut Gesetz nur alterstypische Rechtsgeschäfte abschließen, sie können also zum Beispiel Bücher und CDs kaufen, solang diese ihrem Alter entsprechen. Sie dürfen außerdem nur ein zu ihrem Vorteil gemachtes Versprechen annehmen, etwa eine Schenkung, die mit keinerlei Last verbunden ist (ein Pferd würde hier zum Beispiel also nicht dazu zählen, da das Tier erhalten werden muss und damit eine finanzielle Last darstellt). Auch Kinobesuche sind erlaubt, wenn die Filme für unter 14-Jährige behördlich zugelassen sind, was vom Kinopersonal kontrolliert werden muss.
Mündige Minderjährige, also Personen ab dem vollendeten 14. Lebensjahr, dürfen über ihr Taschengeld völlig frei verfügen, solang sie damit nicht ihren Unterhalt gefährden.

Jobs

Ich kann jeden Job annehmen, der mir gefällt – Hauptsache ist doch, es kommt Geld ins Haus.

Die Worte „Ich möchte arbeiten gehen" sind Musik in den Ohren jener Eltern, die nicht damit gerechnet hatten, dass ihr Sprössling nach qualvollen neun Jahren weiterhin die Schulbank drücken wird. Und

ist mit Arbeiten-Gehen ein Ferienjob gemeint, kann dieser Satz die Mütter und Väter erleichtern, die Tag und Nacht schuften, um ihrem karrierebewussten Sprössling das angestrebte Studium zu finanzieren. Im ersten Fall gilt: Für den Abschluss eines Lehrvertrages bedarf es der Zustimmung der Eltern. Kein Jugendlicher kann also auf eigene Faust in den nächstbesten Laden marschieren und eine Stelle annehmen, die zufälligerweise gerade frei ist und besetzt werden muss. Allerdings besteht die Möglichkeit, erlauben die Eltern die Ausübung dieses Jobs nicht, das Gericht um Hilfe zu bitten, welches nach sorgfältiger Abwägung der Gründe zum Wohl des Jugendlichen entscheidet.
Anders sieht es aus, wenn es sich dabei um einen Ferienjob handelt, denn der darf ab dem vollendeten 15. Lebensjahr auch ohne einem „Ja" vom Erziehungsberechtigten angetreten werden, vorausgesetzt, es wurden die neun Pflichtschuljahre vollständig absolviert.

Siehe dazu §§ 147 und 152 ABGB

Auszug von zu Hause

Wenn ich mit meinen Eltern nicht mehr klar komme, müssen sie mir erlauben auszuziehen.

Welcher Teenager träumt nicht hin und wieder davon – vor allem nach endlosen Diskussionen mit den Eltern –, mit dem Kumpel oder der besten Freundin zusammen in eine eigene Wohnung zu ziehen, um dort Party zu machen ohne Ende und ausschließlich das zu tun, worauf man gerade Lust hat.
Träumen ist erlaubt, die Realität sieht in den meisten Fällen jedoch anders aus, denn generell gilt: Bis zur Vollendung des 18. Lebensjahres sind die Eltern berechtigt zu bestimmen, wo der Sohn oder die Tochter wohnt. Notfalls können sie sogar die Polizei ersuchen, den

Aufenthaltsort eines von zu Hause ausgerissenen Kindes zu ermitteln und es zurückzuholen. Freilich können Eltern, wenn ein triftiger Grund vorliegt, dem Kind schon früher erlauben auszuziehen. Abgesehen davon, dass die Verantwortung für den Nachwuchs bei den Eltern bleibt, sodass diese durchaus auch weiterhin Regeln aufstellen und auch jederzeit verlangen können, dass das Kind wieder in den elterlichen Haushalt zurückkehrt, sollte sich jeder Jugendliche diesen Schritt gut überlegen, denn mit den Rechten sind durchaus anstrengende Pflichten verbunden. Und dann die Mama darum bitten zu müssen, doch wieder die Wäsche zu waschen, beziehungsweise als letzten Ausweg vor dem finanziellen Kollaps den Papa anzuflehen, die aufgrund mangelnder Kontrolle überhand genommenen, ausständigen Rechnungen zu begleichen, kann ganz schön demütigend sein.

Siehe dazu § 195 StGB

Taschengeld/Unterhalt

Ich muss soviel Taschengeld oder Unterhalt bekommen,
dass ich mir das leisten kann, was ich möchte.

Wenn davon auszugehen ist, dass deine Eltern nicht im Geld schwimmen, gibt es Grenzen sowohl nach oben, aber natürlich auch nach unten, die mittels Richtwert vom Gesetzgeber bestimmt werden.
Solang du dich in Ausbildung (Schule, Lehre oder Studium) befindest und über kein ausreichendes Einkommen verfügst, dass dir ermöglicht, dich selbst zu erhalten, müssen deine Eltern finanziell für dich aufkommen. Solang du mit ihnen in einem Haushalt wohnst, müssen sie dich ausreichend versorgen, darüber hinaus aber keine zusätzlichen Unterhaltsleistungen erbringen. Sie sind auch nicht verpflich-

tet, dir Taschengeld zu geben, was natürlich fies wäre, wenn sie es sich leisten können. Leben deine Mutter und dein Vater aber getrennt, dann muss derjenige von den beiden, bei dem du nicht wohnst, Geldunterhalt an den Haushalt führenden Elternteil für dich bezahlen. Diese finanzielle Leistung ist verpflichtend.
Die Höhe dieses Geldbetrages ist nach der wirtschaftlichen Leistungsfähigkeit des Unterhaltspflichtigen und nach den Bedürfnissen des Kindes zu bemessen. Die Familiengerichte haben dazu ein Prozentwertsystem entwickelt, das sich am Alter des Unterhaltsberechtigten und am Nettoeinkommen des Unterhaltspflichtigen orientiert. Zur Vermeidung einer „pädagogisch unvertretbaren Überalimentierung“ wird beim zwei- bis zweieinhalbfachen Regelbedarfsatz eine Höchstgrenze (siehe Begriff „Playboygrenze“, Seite 200) gesetzt.
Und das steht dir nun, prozentuell gesehen, an Unterhalt zu – gerechnet vom monatlichen Nettoeinkommen des Unterhaltspflichtigen (genaue Summen sind unter *http://www.scheidung.at* nachzulesen):

Für ein Kind zwischen

• 0 und 6 Jahren:	16 Prozent
• 6 und 10 Jahren:	18 Prozent
• 10 und 15 Jahren:	20 Prozent
• ab 15 Jahren:	22 Prozent

Was die Höhe deines Taschengeldes betrifft, kannst du mit deinen Eltern natürlich verhandeln. Die folgenden Richtwerte (gerechnet vom monatlichen Unterhaltsanspruch) sollen dir dabei helfen:

Für ein Kind

• bis 7 Jahre:	1 Prozent
• zwischen 7 und 10 Jahren:	5 Prozent
• zwischen 10 und 14 Jahren:	8 Prozent
• zwischen 14 und 18 Jahren:	10 Prozent

Piercing/Tätowierung

Alle Coolen in meiner Klasse sind gepierct oder tätowiert. Ich will auch endlich dazugehören, und keiner kann mir das verbieten.

Und wie Mami und Papi das können!
Auch wenn du noch so gern einen Dinosaurier am Fußgelenk oder eine germanische Rune am Oberarm tragen würdest – wenn du unter 18 bist, brauchst du die Zustimmung deiner Eltern (vor Vollendung des 16. Lebensjahres ist das Tätowieren jedoch generell verboten). Wünschst du dir hingegen nichts sehnlicher, als einen Stahlstift durch die Zunge oder in den Bauchnabel gebohrt zu bekommen, brauchst du, solang du minderjährig bist, ebenfalls eine Einwilligung von Mama und Papa (möglich ab dem 14. Lebensjahr) – außer, wenn eine Heilung der durchstochenen Stelle innerhalb von 24 Tagen zu erwarten ist. Der Piercer deines Vertrauens hat außerdem die Pflicht, dich über die sachgerechte Nachbehandlung sowie über mögliche Risiken wie Allergien, Entzündungen und Narbenbildungen aufzuklären. Über dieses Informationsgespräch ist eine schriftliche Bestätigung erforderlich.

Siehe dazu §§ 146b und 216 ABGB, sowie § 90 StGB

Kinderarbeit

Wenn ich heute meinen faulen Tag habe, kann mich Mama nicht dazu zwingen, den Geschirrspüler auszuräumen – Kinderarbeit ist verboten.

Naja, zwingen kann man sicher niemanden, im Haushalt mitzuhelfen, aber die Eltern dürfen es verlangen und Konsequenzen setzen, wie das Taschengeld streichen, wenn das Kind nicht willig ist.
Auch Arbeiten im Rahmen des Unterrichts, oder solche, die im Zuge

einer Erziehungsmaßnahme angeordnet werden – etwa eine soziale Tätigkeit nach einem strafbaren Vergehen – müssen verrichtet werden. Ansonsten gilt allerdings, dass Personen bis zur Vollendung des 15. Lebensjahres keine Arbeiten im Rahmen eines „echten" Jobs verrichten dürfen. Doch selbst hier gibt es noch einige Ausnahmen:

- Ein Kind über 12 Jahre darf zum Beispiel der Tante Resi, die einen florierenden Berggasthof mit Zimmervermietung betreibt, hin und wieder zur Hand gehen und eventuell in der Küche oder beim Betten-Überziehen helfen.
- Oder wenn der lustige Onkel Rudi, der seit seiner Midlife-Crisis als Clown arbeitet, ab und zu jemanden braucht, der ihm die Teller zum Jonglieren reicht, darf auch das ein Kind ab 12 Jahren erledigen. Passiert dies allerdings im Rahmen eines öffentlichen Auftrittes, muss dies der Landeshauptmann bewilligen (ebenso wie die aktive Teilnahme an einer Theatervorstellung).

Für über 15-Jährige, die ja bereits voll ins Arbeitsleben einsteigen dürfen, sofern sie das neunte Pflichtschuljahr absolviert haben, gelten ganz besondere Schutzbestimmungen, die vor allem die Ruhepausen betreffen. Darüber hinaus dürfen Jugendliche unter keinen Umständen überfordert oder verbal attackiert werden (auch nicht von den Eltern, der fleißigen Tante Resi oder dem peinlichen Onkel Rudi).

Siehe dazu § 93 StGB und § 15 KJBG

Erlaubt ab 14

Hoffentlich werde ich schnell erwachsen, mit 14 darf ich überhaupt nichts.

Gar nicht wahr!

Ab dem vollendeten 14. Lebensjahr darfst du unter anderem:

- deine Religion frei wählen. Vorsicht ist allerdings bei allen sektenartigen Gruppierungen geboten, welche es übrigens durchaus auch innerhalb anerkannter Glaubensgemeinschaften gibt;

- dein Hab und Gut vererben, wem du möchtest. Solltest du allerdings den Familien-Goldhamster in deinem Testament bedenken wollen, empfiehlt es sich, dich vorher mit deinen Eltern zu besprechen. *Siehe dazu §§ 568 f ABGB*;
- deinen Sexualpartner frei wählen. Dabei musst du dann auch reif genug sein, um für Verhütung zu sorgen;
- bestimmen, wie du heißen willst (dein Nachname darf nicht mehr ohne deine Zustimmung geändert werden, sollte zum Beispiel dein Stiefvater wünschen, dass die ganze Familie denselben Namen trägt);
- verlangen zu erfahren, wer dein biologischer Vater ist, wenn du zum Beispiel im Rahmen einer medizinisch unterstützten Fortpflanzung mit dem Samen eines Dritten gezeugt wurdest (das heißt, wenn die Spermien aus der Samenbank ein Gesicht und einen Namen bekommen sollen);
- medizinische Behandlungen verweigern, sofern eine entsprechende Einsichtsfähigkeit deinerseits gegeben ist. *Siehe dazu § 146c ABGB*;
- verweigern, in einer psychiatrischen Anstalt untergebracht zu werden (was natürlich nur dann sinnvoll ist, wenn du dir sicher bist, dass es sich bei deiner schlechten Laune nur um eine vorübergehende Winterdepression handelt, und nicht um eine permanente Grundstimmung, die dir dein Leben auf Dauer schwer machen würde). Eine Zwangseinweisung ist natürlich, wie bei Erwachsenen auch, zulässig;
- den Segelschein machen.

Alle Infos unter http://www.jugendinfo.at

Zu Hause

Trautes Heim, Glück allein!
Alte deutsche Volksweisheit

Wer kennt nicht diesen Spruch, der meist in einem Bilderrahmen, gestickt auf gelbstichigem Leinen, im Stüberl irgendeiner Großtante hängt. Er symbolisiert die Geborgenheit in den eigenen vier Wänden, in welchen man dem Alltag entfliehen kann. Doch es kommt immer darauf an, wo sich dieses traute Heim befindet und wessen Heim nebenan liegt, denn: „Es kann der Frömmste nicht in Frieden leben, wenn's dem bösen Nachbarn nicht gefällt."
Aber auch der Garten wird nur allzu oft zum Austragungsort von Meinungsverschiedenheiten unter Nachbarn. Da keppelt Hausherr A. schon einmal über den Zaun, weil der benachbarte Herr B. gern und oft und oft gern laut feiert, seine Hecken nicht stutzt, dafür aber beinahe täglich seinen Rasen mäht.
Eine ähnliche Funktion wie der Garten erfüllt in Wohnanlagen das Treppenhaus, in dem sich wiederum eher Frauen nachbarschaftlich bekriegen, die sich zwar selten direkt beflegeln, dafür aber umso häufiger über Dritte lästern.
Neben den Auseinandersetzungen mit dem „Feind von nebenan" kommt es aber auch oft zu Problemen zwischen Mietern und Vermietern oder zu Missverständnissen zwischen Hauskäufern und Bauunternehmen sowie zwischen Interessenten und Maklern. Auch die Auflagen der Heimatgemeinde können Schwierigkeiten machen, und wo es Streitereien, Unstimmigkeiten und Missverständnisse gibt, da sind Irrtümer nicht weit.

Bäume stutzen

Die Bäume auf meinem Grundstück sind mein Eigentum, und nur ich habe das Recht, sie zu stutzen.

Stimmt nicht ganz!
Die Rechtslage ist hier heikel. Zunächst kommt es darauf an, ob ein Baum unter Naturschutz steht. Ist das der Fall, kann er von niemandem einfach so gestutzt oder gar gefällt werden. Dafür bedarf es der Erlaubnis der zuständigen Gemeinde, wo man das Vorhaben einreichen muss. Etwa wenn der Baum krank oder morsch ist und beim nächsten Sturm auf ein Gebäude zu stürzen droht. In jedem anderen Fall darf der Nachbar störende Wurzeln oder überhängende Äste fremder Bäume entfernen, wenn diese auf sein Grundstück reichen. Er hat dazu aber die Verpflichtung, dies fachgerecht und mit größtmöglicher Sorgfalt zur Schonung der Pflanze durchzuführen. Bei Entfernung einiger Äste und Wurzeln trägt der, auf dessen Grundstück sie entfernt werden, die Kosten, bei starker Beeinträchtigung und daraus resultierenden weitreichenden Maßnahmen sind die Kosten zu teilen.
Etwaiges Obst, das vom Baum in Nachbars Garten abgeworfen wird, darf von diesem konsumiert werden, er muss aber auch das Laub auf dem eigenen Grundstück selbst zusammenrechen. In besonders massiven Fällen kann sich der Nachbar allerdings auch gegen den Entzug von Licht und Luft zur Wehr setzen und das Recht auf freie Sicht einklagen. Die Beeinträchtigung muss aber massiv sein: Wenn man beispielsweise im Hochsommer zur Mittagszeit im Haus das Licht einschalten muss, weil der ausladende Nussbaum von nebenan seinen Schatten darauf wirft. Verpflichtend bei Streitigkeiten dieser Art ist vor Einbringung einer Klage der Versuch, den Konflikt gütlich über eine Schlichtungsstelle zu lösen.

Siehe dazu §§ 364 Abs. 3 und 422 Abs. 2 ABGB,
außerdem *http://www.notar.at* → *Schlichtungsstelle*

Nerviger Nachbar

Ich zeige meinen Nachbarn an: Sein Griller raucht fast täglich zu uns herüber, er hat ständig Besuch, seine Kinder schreien auch den ganzen Tag, und die Beregnungsanlage spritzt auf unsere Terrasse.

Das typische „Sommerproblem“: Christian F. hat einen Holzkohlengrill, offensichtlich sehr viele Freunde und einige lebhafte Kleinkinder. Er grillt, wann immer die Sonne lacht, er lacht auch viel und gern, seine Bekannten, die er oft zu Besuch hat, auch, und die Kinder lieben es, schreiend durch den Garten zu toben.
Für solche Fälle sieht das Gesetz eine Unterlassungsklage vor, allerdings wird diese nur Sinn haben, wenn die Belästigung vom Nachbargrundstück (oder der Nachbarwohnung) das ortsübliche, gewöhnliche Maß übersteigt (muss im Einzelfall entschieden werden, da die Grenzen fließend sind).
Mit ein wenig Rücksichtnahme lassen sich allerdings viele Probleme vermeiden: Christian F. könnte also zum Beispiel eine Alu-Folie auf den Grillrost legen, damit kein Fett in die Glut tropft, womit die Qualmbildung weitgehend verhindert wird (für Balkone empfehlen sich elektrische Grillgeräte). Es wäre außerdem sinnvoll, wenn der lustige Christian den Geräuschpegel ab 22 Uhr reduzierte (Nachtruhe), lachen kann man doch auch etwas leiser. Auch dem Nachwuchs, wenn es sich nicht um Kleinkinder handelt, kann man klarmachen nicht pausenlos zu brüllen. Und ein Sprinkler ist leicht und schnell um einen Meter versetzt.
Entsteht durch die Belästigung ein Schaden (wenn zum Beispiel die weiße Fassade des Nachbarhauses nach dem Sommer durch des Nachbars Grillgewohnheiten auf der einen Seite plötzlich schwarz ist), kann Schadenersatz verlangt werden.

Siehe dazu § 364 ABGB, ortspolizeiliche Bestimmungen, sowie die Immissionsschutzverordnungen der jeweiligen Bundesländer

Gehsteigsäuberung

Ich muss den Gehsteig vor meinem Grundstück nur am Morgen von Schnee und Eis befreien.

Das sowieso!
Aber der Gehsteig (wenn keiner vorhanden, der Straßenrand in der Breite von einem Meter) muss den ganzen Tag, also von 6 bis 22 Uhr, sauber sein. Und kommt dann irgendwann am Vormittag der böse Schneepflug und bugsiert den Schnee von der Straße auf die von Ihnen bereits geräumte Stelle, müssen Sie sich erneut die Fäustlinge anziehen und die Schaufel in die Hand nehmen. Es ist dabei aber verboten, die Schneehaufen wieder zurück auf die Straße zu befördern, nach dem Motto: „Was du, lieber Pflugfahrer, kannst, kann ich schon lang.“ In diesem Fall droht wegen Verunreinigung eine Strafe von rund 70 Euro. Und wird durch diesen Akt der Wut, des Frustes oder der Hilflosigkeit (es kommt wahrscheinlich darauf an, in welchem Sternzeichen der Schaufler geboren wurde) auch noch die Sicherheit anderer Straßenbenützer gefährdet, kann es noch einmal bis zu über 700 Euro kosten. Wer Pech hat, wird für beides belangt. Es bleibt nur die Möglichkeit, die weiße Pracht in seinen Garten zu hieven (hat man Kinder, entsteht aus den Haufen sicher ein toller Schneemann), oder sie auf eigene Kosten abtransportieren zu lassen. Besitzt man keinen Garten, wird kaum etwas anderes machbar sein, als den Schnee auf die Straße zu werfen, eine Strafe ist hier nicht zu erwarten.
Aber: Wer nicht brav schaufelt und streut, haftet für den Schaden, wenn jemand ausrutscht und hinfällt. Damit kann man sich sogar eine Anzeige wegen Körperverletzung einhandeln.

Siehe dazu § 1319a ABGB

Zutritt zur Wohnung

Ich muss Behörden den Zutritt zu meiner Wohnung jederzeit erlauben.

Nein, müssen Sie nicht!
Ein Zutritt mit Ihrem Einverständnis, aber auch gegen Ihren Willen, ist nur dann zulässig, wenn dieser im Rahmen einer allgemeinen Hilfeleistungspflicht oder zur Abwehr eines gefährlichen Angriffes notwendig ist. Einfacher ausgedrückt: Ein Polizist darf ein Grundstück oder ein Haus sowie eine Wohnung nur betreten, um Menschen zu helfen oder sie zu schützen.
Und wie sieht es aus, wenn ein Fremder vor Ihrer Tür steht, der mit verkniffenem Gesichtsausdruck und einer Hand gegen den Unterleib gepresst, Einlass begehrt, weil er dringend aufs Töpfchen muss?
In so einem Fall liegt es an Ihrer Hilfsbereitschaft, ob Sie die Benutzung Ihrer Toilette erlauben – Sie müssen nicht, egal wie dringend der Fremde muss. Zu Bedenken ist auch immer, dass es sich um einen Trick handeln könnte, um Ihren Wohnbereich und Ihre Lebensumstände auszukundschaften.
Die Lage ist ein wenig anders, wenn Sie zum Beispiel mitbekommen, wie vor dem Haus eine junge Frau von ihrem eifersüchtigen Mann verprügelt wird. Sollte diese Frau wenige Sekunden später an Ihrer Wohnungstür Sturm läuten, sind Sie unter Umständen verpflichtet, sie einzulassen und nötigenfalls medizinisch zu versorgen oder die Rettung zu rufen. Das allerdings wiederum nur dann, wenn ihr der Schläger nicht hinterherläuft und Sie sich dadurch selbst in Gefahr bringen.

Siehe dazu § 99 StPO, § 303 StGB, Art. 9 StGG (Staatsgrundgesetz), Art. 8 EMRK (Europäische Menschenrechtskonvention)
und *§ 95 StGB*

Sperrmüll

Was jemand vor sein Grundstück auf die Straße gestellt hat, darf ich mitnehmen.

Mitnichten!
Fahren an einigen Abenden vermehrt Transportautos durch die Straßen, dessen Insassen abwechselnd nach rechts und nach links schauen, ist wohl Sperrmüllzeit. Doch nur, weil gewisse Dinge zur Abholung durch die Müllabfuhr bereit stehen, heißt das noch lang nicht, dass der Besitz daran aufgegeben wurde und es automatisch erlaubt ist, diese Gegenstände mitzunehmen. Doch meist gilt: „Wo kein Kläger, da kein Richter". Denn stellt jemand einen wackeligen Sessel, einen defekten Kühlschrank oder die Gehhilfe der verstorbenen Oma zum Abtransport bereit, wird es ihm wohl egal sein, ob sich irgendjemand diese Dinge aneignet oder sie in Abfallbeseitigungsanlagen landen.
Anders sieht es mit Gegenständen aus, die einen starken Persönlichkeitsbezug voraussetzen (selbstgemalte Bilder, Tagebücher, Briefe etc.). Nimmt diese Dinge jemand einfach mit, macht er sich möglicherweise des Diebstahls oder der Unterschlagung strafbar (dasselbe gilt für Gegenstände, die zur Abholung durch karitative Einrichtungen an den Straßenrand gestellt wurden).

Siehe dazu § 386 ABGB

Schadenersatz

Wenn in meinem Heim jemandem etwas zustößt, hafte ich für den Schaden.

Nein, nicht grundsätzlich!
Beispiel A: Frau R. ist neu in der Gegend und lädt einige Tage nach

dem Einzug ihre Nachbarin Frau F. auf eine Tasse Kaffee zu sich ein. Frau F. betritt das Haus von Frau R. und erschrickt, als ihr plötzlich Aug' in Aug' eine riesige Dogge gegenübersteht, die sie anknurrt. „Na, du!", quiekt Frau F., während Frau R. „Brutus, aus!" befiehlt. Brutus trollt sich unter den Küchentisch. „Der tut nichts", beruhigt die Gastgeberin ihre Nachbarin, „aber streicheln Sie ihn bitte nicht. Man kann nie wissen", ergänzt Frau R. noch.
Die Hausherrin serviert duftenden Kaffee. Während die beiden Damen plaudern, zwängt sich Brutus unter dem Tisch hervor und stellt sich neben die Fremde, die daraufhin ihre Hand ausstreckt, um den Hund zu streicheln. Brutus schnappt zu, Frau F. blutet ein wenig und verlässt mit den Worten „Das hat Folgen!" das Haus von Frau R., die wahrscheinlich keine neue Freundin gewonnen hat.
Doch Frau F. hat Pech, denn sie hat den Hund, dessen Verwahrung in diesem Fall nicht vernachlässigt worden war (wobei die Beweispflicht hierfür immer beim Hundehalter liegt), trotz ausdrücklicher Warnung des Besitzers gestreichelt.

Siehe dazu § 1320 ABGB

Beispiel B: Ehepaar Z. lädt ein paar Gäste ins gemütliche Eigenheim, eine Villa in nobelster Gegend, zum Abendessen ein. Während der gefüllte Truthahn schmeckt, gießt die Hausangestellte Emma W. jedem Gast Rotwein nach, wobei sie versehentlich ein Glas umstößt, dessen Inhalt sich auf das Abendkleid einer Hofratswitwe ergießt. Empört weist diese ihre Gastgeber darauf hin, dass sie ihr den Schaden zu ersetzen hätten, das befleckte und damit ruinierte „Versace"-Kleid wäre immerhin 2.700 Euro wert.
In diesem Fall wird sich die Witwe mit ihrem eigenen Geld ein neues Designerteil kaufen müssen (es sei denn, Ehepaar Z. möchte es sich mit ihrer guten Bekannten, die hohes Ansehen in den besten Kreisen genießt, nicht wegen dieser läppischen Summe verscherzen), denn es besteht hier keine Schadenersatzpflicht der Gastgeber.

Vor allem deshalb, weil das Ungeschick niemandem passierte, der bereits durch Untüchtigkeit aufgefallen ist. Wäre Emma W. eine Person, der ständig alles aus der Hand fällt oder die jedes Hemd beim Bügeln versengt, und sie würde trotzdem weiterhin beim Ehepaar Z. ihren Dienst versehen dürfen, und wäre dieser Umstand bekannt, müsste der Gastgeber das Kleid ersetzen. Emma W. selbst wird in diesem Fall ebenfalls nicht schadenersatzpflichtig sein, da ihr keine Fahrlässigkeit unterstellt werden kann.

Siehe dazu § 1315 ABGB

Befreiung von der Mietzahlung

Wenn der Vermieter den Schaden in meiner Wohnung nicht repariert, muss ich auch keine Miete bezahlen.

Ganz so leicht kann man es sich nicht machen!
Die Mietzahlungen können höchstens eingeschränkt werden (Betriebskosten sind in jedem Fall zu bezahlen), die Höhe der zurückbehaltenen Summe hängt vom Ausmaß der Schäden ab. Der Vermieter ist jedenfalls verpflichtet, Mängel zu beheben, kann aber einen Teil der Reparaturkosten vom Mieter zurückverlangen, wenn dieser eine Mitschuld trägt – zum Beispiel bei Schimmelbildung, weil nicht ordentlich gelüftet wurde.
Ein gänzliches Einstellen der Zahlungen (auch der Betriebskosten) kann dann erfolgen, wenn das Wohnobjekt komplett unbenützbar geworden ist, weil es zum Beispiel an mehreren Stellen durchs Dach regnet oder im tiefsten Winter die Heizung nicht funktioniert. Der zurückbehaltene Mietanteil muss nach Sanierung durch den Vermieter nicht nachbezahlt werden.

Siehe dazu § 1096 ABGB

Ablöse

Hat mein Vermieter in die Wohnung, in die ich einziehen werde, einiges investiert, muss ich ihm eine Ablöse bezahlen.

Nein, müssen Sie nicht!
Aufwertungen des Objektes durch den Vermieter, selbst wenn er alles so schön wie möglich für Sie hergerichtet und sogar rosafarbene Plüschhausschuhe vors Bett gestellt hat, dürfen nicht als Investitionsablöse verlangt werden. Es ist jedoch rechtens, wenn sich die Kosten dafür dann in der Höhe des Mietbetrages niederschlagen.
Es gibt allerdings auch die berechtigte Investitionsablöse. Hat der Vermieter nachweisbar dem Vormieter zum Beispiel eine neue Heizung abgekauft, kann er diese Summe von Ihnen in Form einer angemessenen Ablöse verlangen. Wobei hier das Schlagwort „nachweisbar" ist. Holen Sie sich im Zweifelsfall eine Bestätigung von den Leuten ein, die sich angeblich diese Heizung angeschafft haben (oder neue Fenster einbauen oder einen Whirlpool installieren ließen etc.), da gerade in diesem Bereich viel getrickst wird.
Aber auch der Vormieter kann Ablöse, beispielsweise für Einrichtungsgegenstände, vom Nachmieter verlangen, dabei handelt es sich allerdings eigentlich um einen Kauf, zu bezahlen ist der Zeitwert (Quittungen zeigen lassen).
Im Zweifelsfall hat es Sinn, einen Sachverständigen mit der Schätzung der Investitionen oder Möbel zu beauftragen.

Siehe dazu § 10 MRG

Der Vermieter und mein Schlüssel

Mein Vermieter darf einen Schlüssel zu meiner Wohnung einbehalten und diese auch jederzeit betreten, um nach dem Rechten zu sehen.

Nein, darf er nicht!
Wer von Ihrer gemieteten Wohnung einen Schlüssel besitzen soll, bestimmen Sie ganz allein! Ob das die hin und wieder Ihre Katze fütternde und die Blumen gießende Oma, Ihre Putzfrau oder Ihr Liebhaber ist, bleibt Ihnen überlassen. Der Vermieter jedenfalls hat keinen Anspruch auf einen Zweitschlüssel, auch wenn er noch so lieb darum bittet oder Ihnen weiszumachen versucht, er habe das Recht dazu, jederzeit sein Eigentum betreten und den Zustand desselben kontrollieren zu dürfen.
Selbstverständlich gibt es Gründe, die dem Vermieter den Zutritt erlauben, und das sogar ohne Ihre Anwesenheit. Diese müssen allerdings von großer Bedeutung sein, wie etwa ein Wasserrohrbruch, von dem er verständigt wird, weil Sie gerade nicht erreichbar sind. Hat er weniger Dringendes in Ihrer Wohnung zu erledigen, wie etwa das In-Augenschein-Nehmen der sanierungsbedürftigen Fenster, muss sein Erscheinen angekündigt werden, das zu einer zumutbaren Tageszeit erfolgen muss. Betritt der Vermieter Ihre Wohnung ohne Ihr Einverständnis und ohne triftigen Grund, macht er sich der Besitzstörung schuldig und kann auf Unterlassung geklagt werden.
Sollten Sie allerdings niemandem einen Zweitschlüssel anvertrauen wollen, nicht einmal Ihrer Oma, hat es durchaus Sinn, diesen beim Vermieter zu deponieren. Schließlich ist es auch in Ihrem Interesse, dass jemand bei erwähntem Wasserrohrbruch in Ihre Wohnung gelangen und so der Schaden in Grenzen gehalten werden kann.

Siehe dazu § 8 Abs. 2 MRG, sowie §§ 339 und 1098 ABGB

Haustierhaltung

Kleintiere darf ich in meiner Wohnung halten, auch ohne Erlaubnis des Vermieters.

Mäuse ja, Ratten nein!
Die meisten Tierfreunde sind der Meinung, dass die Haltung aller Kleintiere in Mietwohnungen generell erlaubt ist und keiner Zustimmung seitens des Vermieters oder der Hausverwaltung bedarf. Grundsätzlich ist es tatsächlich gestattet, Singvögel, Fische, Hamster, Mäuse, Schnecken etc. bei sich wohnen zu lassen, egal, was im Mietvertrag festgehalten wurde oder in der Hausordnung steht. Von dieser Regelung ausgenommen sind jedoch exotische Tiere (Vogelspinnen, Schlangen, Leguane etc.) und – Ratten!
Wollen Sie Ihrem Kind also lieber einen nacktschwänzigen, dafür intelligenten Rattenbuben schenken, anstatt eines plüschigen, etwas dümmlichen Hamsterichs, müssen Sie eine gesonderte Erlaubnis beim Vermieter einholen.

Eigenbedarf

Benötigt ein guter Freund meine Wohnung, die ich vermietet habe, muss der derzeitige Mieter ausziehen.

Der Mieter darf bleiben!
Voraussetzung für den Kündigungsgrund „Eigenbedarf" ist zwingend, dass der Vermieter die Wohnung für sich selbst oder für Angehörige in absteigender Linie (Kinder, Enkelkinder etc.) benötigt.
Es gibt zwei Fälle der Zulässigkeit dieser Art von Kündigung: Der eine sieht eine Interessensabwägung vor (die Nachteile für den Vermieter bei Verbleib des Mieters müssen größer sein, als die des Mieters; wenn

also beispielsweise der Vermieter ohne Dach über dem Kopf dastehen würde, der Mieter aber nachweislich bei Freunden oder Verwandten unterkommen könnte), der andere verpflichtet zur Bereitstellung zweier Ersatzobjekte (wobei der Mieter keine davon beziehen muss, sondern auch eine finanzielle Entschädigung verlangen kann).
Außerdem hat der Vermieter die Kosten für einen Umzug innerhalb der Gemeinde zu übernehmen, wenn der Mieter sich selbst eine andere Wohnung besorgt hat. Er muss ebenso für eine Übersiedlung außerhalb des Gemeindegebietes bezahlen, zieht der Mieter in eine der angebotenen Ersatzwohnungen.
Bittet also der Schurli den Peppi in seine vermietete Wohnung ziehen zu dürfen, weil ihn seine Frau vor die Tür gesetzt hat, kann der Peppi den Schurli entweder bei sich selbst aufnehmen, ihm zu einer Versöhnung mit der Gattin raten oder ihm für eine gewisse Übergangszeit eine billige Pension empfehlen.

Siehe dazu §§ 30 Abs. 2 Z 8 und 9, sowie 32 Abs. 5 MRG

Unbefristetes Mietverhältnis

Habe ich ein unbefristetes Mietverhältnis, muss der Vermieter gute Gründe aufweisen, um mich vor die Türe setzen zu können.

Das stimmt nur zum Teil!
Wurde eine Wohnung gemietet, muss sich der Vermieter bei vorzeitiger Kündigung eines unbefristeten Vertrages, ebenso wie eines befristeten, an das MRG § 30 halten und gute Gründe vorweisen können. Dasselbe gilt bei der Vermietung von Häusern, wenn der Vertrag befristet wurde.
Freut man sich hingegen über die unbefristete Miete eines Ein- oder Zweifamilienhauses, kann es passieren, dass die Freude rasch in

Bestürzung, Trauer oder Wut umschlägt, wenn der Vermieter den Vertrag schon nach kurzer Zeit ohne Angabe von Gründen kündigt. Und der darf das. Wirklich! Für die Vermietung von Ein- und Zweifamilienhäusern gilt nämlich nicht das MRG, sondern das ABGB, und dieses schützt den Mieter hier leider nur unzureichend.
Überlegen Sie also, ein Haus zu mieten, bestehen Sie in Ihrem eigenen Interesse auf eine Befristung des Vertrages. Allerdings kann das ABGB noch mit zwei weiteren Fallen aufwarten: Verkauft der Eigentümer eines Objektes (egal ob Haus oder Wohnung) dieses an eine andere Person, kann wiederum diese dem Mieter, sofern das Mietverhältnis nicht im Grundbuch eingetragen ist, ohne Angabe von Gründen kündigen (außer, es ist vertraglich etwas anderes vereinbart worden). Und auch der Tod des Mieters berechtigt den Vermieter, den Vertrag zu kündigen, was bedeuten würde, dass der Rest der Familie, so vorhanden, ausziehen müsste.

Siehe dazu § 1 MRG, §§ 1116a und 1120 ABGB, außerdem *http://www.mieterschutzverband.at*

Maklerprovision

Wenn der Makler nicht tätig geworden ist, kann er auch keine Provision verlangen.

Doch, in manchen Fällen kann er das!
Besonders gefährlich ist in diesem Zusammenhang der so genannte Alleinvermittlungsauftrag. Hier werden nur die Dienste eines einzigen Maklers in Anspruch genommen, andere interessierte Makler müssen an diesen verwiesen werden.
Passieren kann nun Folgendes: Julia R. hat einen Immobilienmakler beauftragt, einen Käufer für ihre hübsche Drei-Zimmer-Wohnung

zu finden, da sie keine Zeit hat, selbst einen zu suchen. Sie verlässt sich nun voll und ganz auf die zukünftige Arbeit des äußerst geschäftstüchtig scheinenden, überfreundlichen Maklers. Kaum ist der Vertrag unterschrieben, läuft Julia R. einer Freundin, die sie schon lang nicht mehr gesehen hat, über den Weg. Im Gespräch erfährt Julia R., dass ihre Bekannte eine Drei-Zimmer-Wohnung für sich und ihren neuen Freund sucht, woraufhin sie freudestrahlend von ihrem geplanten Umzug und dem Freiwerden ihrer Unterkunft berichtet. Bereits am nächsten Tag, nach Besichtigung der Wohnung, sind sich die beiden Frauen einig und Julia R. ruft den Makler an, damit er seine Tätigkeit einstellt. Doch der Mann, der nicht nur geschäftstüchtig schien, sondern es auch ist, fordert die junge Frau gar nicht mehr überfreundlich auf, ihm seine Provision zu überweisen. Hat Julia R. nun im Vertrag nicht festhalten lassen, dass sie sich selbst auch um die Vermittlung des Objektes bemüht, wird sie bezahlen müssen.
Daher ist zu empfehlen, auch wenn man nicht vorhat, sich selbst nach einem Käufer oder Mieter umzusehen, dies sicherheitshalber dennoch schriftlich festzuhalten. Außerdem sollte man nicht auf den Passus vergessen, dass dem Makler keine Provision zusteht, sollte die Vermittlung ohne ihn gelingen.

Zu weiteren provisionspflichtigen Fällen ohne Verdienstlichkeit siehe *§ 15 MaklerG.*

Für die Provisionen gibt es übrigens Höchstgrenzen, wobei diese in Österreich Schwindel erregend sind, höher als im übrigen Europa.

Siehe dazu http://www.arbeiterkammer.at → Konsument → Bauen & Wohnen → Makler

„Big Brother"

Ich traue mich nicht, am Telefon über meine finanzielle Not zu klagen und spaßeshalber zu sagen, man müsste eine Bank überfallen, da ich womöglich abgehört werde.

Abgehört wird fast jeder von uns, allerdings nur beim Arzt!
Lassen wir doch die Kirche im Dorf und die Flöhe auf dem Hund: Trotz der hartnäckigen Panikmache und der schwelenden Empörung, was die Behörden nicht schon alles dürfen: Haus- und Personendurchsuchung, Beschlagnahmung, Rasterfahndung, Telefonüberwachung, die Durchsuchung von Computerfestplatten, sowie jede Art des Lausch- und Spähangriffes (Tonband- und Bildaufnahmen) sind nur mit einem richterlichen Beschluss möglich, und es müssen gute Gründe für eine solche Vorgehensweise existieren (Verdacht auf eine Straftat).
Natürlich kann jedes Recht vielseitig ausgelegt und auch missbraucht werden (davon wollen wir aber doch nicht ausgehen, oder?), und Missverständnisse sind ebenfalls nie ganz auszuschließen. Daher kann es auch vorkommen, dass jemand zu Unrecht verdächtigt und „ausspioniert" wird. So etwas nennt man dann Justizirrtum (Richter sind auch nur Menschen!).
Für große Aufregung hat auch jenes Gesetz gesorgt, das seit 1. Jänner 2008 in Kraft ist: Die Abfrage der Standortdaten und die internationale Teilnehmerkennung von Mobiltelefonen, sowie die Datenabfrage von Kunden bei Internetprovidern ist nun auch ohne richterlichen Beschluss möglich. Dies allerdings auch wieder nur in konkreten Gefahrensituationen, was natürlich Auslegungssache ist.
Aber mit der Devise „im Zweifel für den Angeklagten", in diesem Fall für die staatlichen Sicherheitsorgane, sollte davon ausgegangen werden, dass mit Überwachungsmaßnahmen eher Verbrechen verhindert oder aufgeklärt, als unbescholtene Bürger bespitzelt werden sollen.

Siehe dazu §§ 129 ff und 134 ff StPO

Im Urlaub

Wenn einer reine Reise tut, kann er was erzählen.
Matthias Claudius, deutscher Dichter und Journalist (1740–1815)

Nicht umsonst veranstalten Heimkehrer meist todlangweilige Foto- und Videoabende und erzählen dabei stundenlang über ihre Reiseerlebnisse. Interessanterweise werden die Berichte umso spannender und unglaubwürdiger, je weiter das Urlaubs- vom Heimatland entfernt liegt. Ob das an der Überforderung angesichts so vieler andersartiger Menschen und deren Sitten und Gebräuche oder an den oft vorhandenen Sprachbarrieren liegt, ist schwer zu sagen. Gerade dann, wenn wir, mehr oder weniger hilflos, Menschen anderer Länder mit anderen Gesetzen ausgeliefert sind, sollten wir die Rechte der österreichischen Staatsbürger genau kennen, um sie auch einfordern zu können. Irrtümer entstehen ebenso oft erst nach der Heimkehr beim Reklamieren, wenn man zum Beispiel am Urlaubsort anstatt einer traumhaften Hotelanlage mit Restaurantbetrieb eine Bruchbude mit einem Kebab-Stand ums Eck vorgefunden hat.
Damit Sie den nächsten Urlaub mit Vorfreude antreten, werden folgend einigen Fantasien zur Realität verholfen.
Doch Vorsicht, es ist nicht alles Gold, was glänzt: Erstens hat man als Tourist, neben dem selbstverständlichen Respekt und der Höflichkeit dem Urlaubsland und den Einheimischen gegenüber, auch Pflichten, zweitens hat man in der Fremde manchmal weniger Rechte, als man denkt.

Notfall im Ausland

Wenn ich im Ausland in eine Notsituation gerate, muss mir der Botschafter meiner Heimat vor Ort aus der Patsche helfen.

Das stimmt nur zum Teil!
Wenn jemand glaubt, das Konsulat oder die Botschaft wäre Anlaufstelle für jedes Problem, der irrt. Sei es, weil man seinen Urlaub verlängern will und Geld braucht, oder weil der süße Hotelpage angesichts glühender Liebesschwüre nur lächelnd mit den Schultern zuckt und man daher gern einen Übersetzer zur Hand hätte: Nicht alles lässt sich bei Seiner Exzellenz einfordern.
Laut dem Wiener Übereinkommen über konsularische Beziehungen von 1963, dem mittlerweile die meisten Staaten beigetreten sind, hat ein Konsulat oder eine Botschaft laut Gesetz ausschließlich Hilfe in Notfällen zu leisten. Ein Mitarbeiter der zuständigen Auslandsvertretungsbehörde vermittelt also weder Kredite oder borgt Geld her, noch spielt er Dolmetscher für liebeshungrige Touristinnen. Meist erhalten Sie von den zuständigen Behörden ausschließlich Hilfe zur Selbsthilfe in Form des Aufzeigens von Problemlösungen. Ausschließlich wenn vom Betroffenen alle Möglichkeiten ausgeschöpft wurden, kann das Konsulat auch finanziell unter die Arme greifen, wobei der entsprechende Geldbetrag selbstverständlich zurückzuzahlen ist. Von der Rückerstattung der Kosten sieht das Auswärtige Amt allerdings meist ab, wenn Touristen aufgrund einer Naturkatastrophe oder einer politischen Eskalation ausgeflogen werden müssen.
Hilfe leisten die Beamten der Vertretungsbehörde außerdem bei Todesfällen, schweren Unfällen und Erkrankungen, bei Festnahme oder Inhaftierung und bei Gewaltverbrechen. Sie verständigen Angehörige, knüpfen Kontakte zu Banken, Ärzten, Rechtsanwälten und so weiter. Um das weitere Vorgehen muss sich der Betroffene dann allerdings selbst kümmern.
Zu beachten ist auch, dass die Konsulate und Botschaften durch das

Völkerrecht und das Recht des Gastlandes gebunden sind und daher nicht über unbeschränkte Möglichkeiten verfügen. Sie haben vor allem keine Polizeigewalt und können den Behörden des Gastlandes keine Anweisungen geben.

Siehe dazu http://bmeia.gv.at → Bürgerservice → Österreichische Vertretungen

Reisedokumente

Innerhalb der Europäischen Union brauche ich keine Reisedokumente mehr, schließlich sind wir eine wirtschaftliche Einheit.

Ja, wir sind zwar Teil eines Ganzen, trotzdem gibt es Grenzen zwischen den Staaten, und an diesen werden unter anderem auch Pass & Co kontrolliert.
Wer also glaubt, er könne beim Grenzübergang Klingenbach-Sopron fröhlich winkend und den Uniformierten ein „Ich fahre shoppen, bin etwa in drei Stunden wieder zurück" zurufend ohne zu Halten durchbrausen, der irrt. Ein gültiges Reisedokument neben dem Pass ist der Personalausweis (darf nicht abgelaufen sein), in keinem Fall aber der nationale Führerschein.
Sollte der Pass abgelaufen sein, wird er nur in einigen Ländern, nicht automatisch in jedem EU-Land, akzeptiert (bis fünf Jahre nach dem Ablaufdatum).

Siehe dazu http://bmeia.gv.at → Bürgerservice → Reiseinformation

Raserei im Ausland

Im Ausland kann ich endlich einmal Gas geben, Strafe habe ich ohnehin keine zu zahlen.

Das stimmt vielleicht, wenn Sie in Kenia mit dem Jeep wie ein Irrer durch die Serengeti brettern und dabei nicht einmal vor einem Gnu halt machen, selbst wenn es vor einem Zebra (-streifen gibt es dort schließlich nicht) steht.
Doch im EU-Ausland sieht die Sache seit 1. März 2008 ganz anders aus: Nicht bezahlte Verkehrsstrafen ab 70 Euro können seit diesem Zeitpunkt in Österreich vollstreckt werden. Natürlich funktioniert die Bestimmung auch umgekehrt: Führt sich ein EU-Bürger in Österreich auf wie ein Rennfahrer auf dem Formel 1-Ring, erwartet ihn zu Hause die gerechte Strafe. Die Summen aus dieser Einnahmequelle fließen dem vollstreckenden Staat zu.

Siehe dazu http://www.oeamtc.at/reisen → Länderdatenbank → Suche Kategorie Verkehrsbestimmungen

Entgangene Urlaubsfreuden

Wenn ich mein Urlaubsziel nicht so vorfinde, wie vom Reiseveranstalter versprochen, hab' ich Pech gehabt. Geld zurück zu fordern bringt nichts, die putzen sich doch alle ab.

Manchmal, vielleicht sogar oft, aber bestimmt nicht immer!
Ein Versuch lohnt sich auf jeden Fall. Stellen Sie sich vor, Sie haben ein schönes, großes Zimmer in einem Hotel in ruhiger Lage gebucht, und finden sich vor Ort in einem Raum wieder, der kleiner ist als zu Hause Ihr Besenkammerl. Rechts neben dem Gebäude wird an einer

weiteren Touristenunterkunft gebaut, links daneben befindet sich ein Basketballplatz. Müde gehen Sie zu Bett und werden am frühen Morgen vom Lärm der Baumaschinen geweckt, und später beim Faulenzen auf der Sonnenterrasse haben Sie stets das Gekreische Ball spielender Jugendlicher im Ohr. Eine Möglichkeit wäre nun, sich mit der Situation abzufinden. Möglicherweise haben sie zu Hause auch eine Mini-Wohnung und finden kleine Räume sowieso viel kuscheliger, Sie können sich auch tolerant zeigen und meinen, dass Häuser nun einmal irgendwann gebaut werden müssen und dass Sie der Basketballplatz an den Hof hinter „Ihrem" Gemeindebau erinnert (wo Sie doch im Urlaub ohnehin immer ein wenig unter Heimweh leiden).

Oder aber: Sie wehren sich! Der erste Schritt wäre, eine Umquartierung zu verlangen (hierbei kann es hilfreich sein, den Katalog mit der Abbildung des versprochenen Zimmers von zu Hause mitzunehmen, um vor Ort seine Ansprüche besser durchsetzen zu können). Funktioniert das nicht, und Sie müssen in der lauten Unterkunft verbleiben, treffen Sie die ersten Vorbereitungen für die Reklamation im heimatlichen Reisebüro.

Zuerst lassen Sie sich die Beschwerde vom örtlichen Vertreter des Reiseveranstalters schriftlich bestätigen, danach machen Sie Fotos vom Kammerl (selbstverständlich auch vom Ungeziefer, falls welches vorhanden ist), von der Baustelle und vom Basketballplatz (Sie können die einheimischen Jugendlichen bitten, einige Szenen für die Aufnahme nachzustellen, zum Beispiel eine hochemotionale Gruppenumarmung oder die verbissenen Mienen beim Versuch, einen Ball ins Netz zu befördern). Zurück zu Hause sollten Sie dann auf dem schnellsten Weg Schadenersatz für „entgangene Urlaubsfreuden" geltend machen. Am besten reklamieren Sie schriftlich und eingeschrieben direkt beim Reiseveranstalter oder Sie wählen den Weg über Ihr Reisebüro. Besteht der Anspruch zu Recht, kann man auf Barauszahlung der Preisminderung bestehen. Handelt es sich um eine Kulanzleistung, sollten Sie das Angebot, Ihnen einen Gutschein auszuhändigen, annehmen.

Eine gute Orientierungshilfe für mögliche Ansprüche ist die „Frankfurter Tabelle“, die auch von den österreichischen Gerichten als Basis verwendet wird

Siehe dazu http://www.arbeiterkammer.at → Konsument → Reise → Frankfurter Tabelle

Zu beachten ist allerdings, dass man keinen Anspruch auf Schadenersatz hat, wenn den Reiseveranstalter keinerlei Schuld an der Situation am Urlaubsort trifft.

Siehe dazu *§ 31b – 31f KSchG* (kann aber nur bei Pauschal-, nicht aber bei Individualreisen, angewandt werden.)

Übersetzungen aus dem Reiseprospekt

Im Urlaub wohnen wir in einem landesüblichen Vier-Sterne-Hotel mit Meeresnähe und einem naturbelassenen Strand, dort soll es laut Prospekt idyllisch sein. Das wird toll.

Meinen Sie wirklich?
Ich fürchte, Sie müssen sich ein wenig näher mit dem Reiseprospekt-Deutsch beschäftigen. Hier die Übersetzung:

- Landesüblich = Das Vier-Sterne-Hotel könnte zu einem Zwei-Sterne-Hotel werden, denn der Komfort wird landesspezifisch interpretiert.
- Meeresnähe = nahe dem Meer, ist reine Definitionssache, der Strand kann durchaus einen halben Kilometer weit entfernt sein.
- Naturbelassener Strand = meist verunreinigter, ungepflegter, verwahrloster Strand ohne sanitäre Anlagen.
- Idyllisch = abseits gelegen, wenig Infrastruktur, nicht an den

öffentlichen Verkehr angebunden. Diese Formulierung ist oft gekoppelt mit dem Hinweis „Mietwagen empfohlen."

Freuen Sie sich noch immer auf diesen Urlaub? Hier weitere Umschreibungen, bei welchen Sie hellhörig werden sollten:

- Aufstrebender Ferienort = Touristenparadies in der Entstehungsphase, höchstwahrscheinlich mit unzähligen Baustellen und noch wenig Infrastruktur.
- Zimmer auf Meeresseite = keine Garantie für den Blick aufs Meer, die Aussicht kann durchaus von anderen Hotelanlangen versperrt sein.
- Junges Publikum, Pulsierendes Nachtleben = deutet auf Lärmbelästigung rund um die Uhr hin.
- Zentral gelegen, Transferzeit vom Flughafen zum Hotel nur wenige Minuten = Das Urlaubsdomizil könnte sich direkt in der Einflugschneise des Flughafens befinden.
- Panoramablick = Das Meer ist eventuell nur in der Ferne zu sehen, möglicherweise großer Höhenunterschied zwischen Hotel und Strand.
- Nur 150 Meter bis zum Meer = Zum Wasser vielleicht, deshalb muss dort aber kein Strand sein.
- Beheizbarer Pool = Der Pool ist also beheizbar, aber ist er auch beheizt?
- Helle, freundliche Zimmer = Hell vielleicht, muss aber nicht heißen, dass sie auch sauber sind.
- Einheimische Küche = Wahrscheinlich einfache, billige Verpflegung.
- Weitläufige Anlage = Langer Fußweg zum Strand, zum Pool, zum Restaurant …

Ob es sich um einen Gewährleistungsmangel handelt, wenn man auf derartiges, geschicktes Verstecken etwaiger Mängel hinter blumigen, irreführenden Formulierungen hereinfällt, muss im Einzelfall überprüft werden. Es gilt zwar der Grundsatz der Prospektwahrheit, ist die Beschreibung jedoch nicht direkt gelogen, wird es schwierig werden, Schadenersatzansprüche geltend zu machen.

Verlust von Reisegepäck

Gehen während meines Fluges die Koffer verloren, kann ich nur warten und hoffen.

Hoffen ist immer gut, oft tauchen die verschwundenen Gepäckstücke dann tatsächlich wieder auf.
In der Zwischenzeit muss man aber nicht tagelang in den durchgeschwitzten Kleidungsstücken vom Anreisetag herumlaufen oder sein gesamtes Urlaubsgeld für den Kauf neuer Klamotten ausgeben, sondern man kann von den Fluglinien zumindest teilweisen Ersatz für die Anschaffung der notwendigsten Gegenstände verlangen.
Natürlich empfiehlt es sich dabei, nicht zum angesagtesten Designer zu marschieren und einen Smoking oder ein Abendkleid zu erstehen, sondern in billigen Läden zweckmäßige Dinge wie Unterwäsche, bequeme Hosen, Shirts und Schuhe, sowie einige Toiletteartikel zu besorgen. Natürlich kann es passieren, dass die Koffer auf Nimmerwiedersehen verschwinden (und irgendwann herrenlos am Bahnhof von Djibuti herumstehen) oder Ihnen Tage später völlig demoliert, mit 27 verschiedenfärbigen Klebebändern umwickelt, doch noch überreicht werden. Generell gilt hierfür: Das Luftfahrtunternehmen haftet für die Verspätung, Zerstörung, Beschädigung oder den Verlust des Reisegepäcks, es sei denn, dass alle Maßnahmen zur Schadensvermeidung getroffen wurden, bis zu einer Höhe von rund 1.200 Euro.

Mit an Bord

Ich darf im Flugzeug in meiner Handtasche nur die Geldbörse, den Reiseführer und mein Maniküre-Set haben.

Zwei von drei Richtigen!
Das Maniküre-Set wird Ihnen auf jeden Fall abgenommen, sei die

Nagelfeile auch noch so klein (also keinesfalls dafür geeignet, jemanden damit anzuritzen, geschweige denn, ernsthaft zu verletzen). Und Sie bekommen es auch nie mehr wieder zurück. Die Geldbörse geht durch, der Reiseführer auch. Doch Sie müssen auch nicht ohne Kosmetika in der Handtasche reisen und befürchten, dass Ihr Lippenrot irgendwann genauso blass wird wie Ihr Reisebegleiter, der neben Ihnen in ein Sackerl spuckt. Pflege- und Kosmetikartikel in flüssiger und galertiger Form dürfen mit an Bord, solang die Behälter nicht mehr als 100 Milliliter oder 100 Gramm fassen. Tuben, Fläschchen und Dosen müssen in einem transparenten, wieder verschließbaren Plastiksack mit maximal einem Liter Fassungsvermögen transportiert werden, wobei gilt: Je ein Beutel pro Passagier.

Siehe dazu http://www.bmvit.gv.at → Verkehr → Luftfahrt → Sicherheit → Sicherheitsbestimmungen für Handgepäck

Reisestorno

Ich dachte, ich bin bis zum Antritt meiner Reise wieder fit und konnte nicht wissen, dass es Komplikationen gibt, daher muss ich keine Stornogebühr bezahlen.

Folgendes ist geschehen: Ludmilla G. hatte monatelang auf den Urlaub in Italien gespart und sich gemeinsam mit ihrer Freundin Edeltraud R., die sie begleiten sollte, schon sehr darauf gefreut. Drei Wochen vor dem geplanten Abreisetermin erklärte ein Arzt Frau G., dass sie sich einer harmlosen, aber unaufschiebbaren Operation unterziehen müsste. Der Doktor versicherte der verzweifelten Patientin, dass sie bis zu ihrem Urlaubsantritt längst wieder fit sein würde, weshalb Edeltraud R. ihre Freundin dazu überredete, die Reise nicht zu stornieren. Leider kam es nach dem Routineeingriff zu Komplikationen und Ludmilla G. konnte das Krankenhaus erst drei Tage vor dem geplanten Reisebeginn verlassen.
Die ältere Dame sah sich außerstande, nach Italien zu fahren. Schweren Herzens suchte sie ihr Reisebüro auf, um den Urlaub abzublasen, fest davon überzeugt, keine Stornogebühr bezahlen zu müssen, da sie eine Versicherung abgeschlossen hatte, laut welcher bei Krankheit keinerlei Kosten für sie anfallen würden. Doch Ludmilla G. hatte die Rechnung ohne die Versicherung gemacht. Diese wollte nämlich keinen Cent rausrücken, weil sich die alte Dame auf ihre Genesung verlassen hatte, ohne mit möglichen Komplikationen zu rechnen und zeitgerecht zu stornieren.
Leer ausgehen wird man außerdem bei chronischen Leiden oder bei Krankheiten, die in den letzten sechs Monaten vor Buchung der Reise bereits behandelt wurden. Auch ein notwendiger Rücktritt aufgrund einer Schwangerschaft ist nicht von der Versicherung gedeckt.

Siehe dazu http://www.oeamtc.at → Recht → Reiserecht → Suche Stornoversicherung

§ Bei der Arbeit

Gott sorgt, aber wir sollen arbeiten!
Martin Luther, deutscher Theologe und Reformator (1483–1546)

Wir alle verbringen einen Großteil unseres Lebens am Arbeitsplatz, viele Menschen sehen ihre Kollegen oder den Chef einige Stunden am Tag mehr als den Partner, die Familie. Es ist daher wichtig, seine Rechte und Pflichten als Arbeitnehmer zu kennen, damit die Basis stimmt, auf der man zumindest so etwas wie Zufriedenheit mit seiner Tätigkeit aufbauen kann. Keine Sorge, liebe Chefs, auch die Arbeitgeber kommen in diesem Kapitel nicht zu kurz, denn auch sie unterliegen oft Irrtümern und machen Fehler im Umgang mit den Untergebenen.

Ziel eines jeden Arbeitsverhältnisses ist Fairness und Respekt auf beiden Seiten, niemand sollte seinen Boss „Karrieregeiler Sklaventreiber", „Ahnungsloser Besserwisser" oder „Präpotenter Möchtegern" nennen müssen, ebenso dürfte niemand seine Arbeitskräfte als „Arbeitsscheues Pack", einen „Haufen Dilettanten" oder „Ersetzbare Handlanger" bezeichnen wollen.

Fakt ist, dass es sich bei vielen Arbeitgebern um – zugegebenermaßen gute – Theoretiker handelt. Eigentlich wäre es von Vorteil, wenn jeder Chef einmal einen Monat lang den Job seiner Mitarbeiter macht, damit er mehr Verständnis entwickelt.

Lesen Sie dieses Kapitel und lassen Sie es morgen in der Firma entweder krachen, sollten Ihre Rechte verletzt worden sein oder überreichen Sie ihrem Chef eine Schachtel bester Pralinen, wenn Sie festgestellt haben, dass er der liebste, beste und gerechteste Vorgesetzte in diesem Universum ist.

Gläserne Firma

Ich darf in der Firma eine gewisse Zeit damit verbringen, meine privaten Mails zu lesen und im Internet zu surfen, wenn keine Arbeit ansteht.

Leider, leider … das ist nicht richtig.
Ein Chef kann vorschreiben, dass das Internet ausschließlich zu beruflichen Zwecken genutzt werden darf. Und genauso wie er keine privaten Telefonate dulden muss (außer es handelt sich um eine Terminvereinbarung mit einem Arzt oder dergleichen), kann er auch verbieten, E-Mails zu lesen oder zu schreiben, wenn diese nichts mit dem Job zu tun haben.
Eine Kontrolle, zum Beispiel die Überprüfung der so genannten „Vermittlungsdaten" (Telefonnummern, E-Mail-Adressen, Internet-Adressen, Datenmenge) durch den Arbeitgeber ist nur mit Zustimmung des Betriebsrats oder des Arbeitnehmers selbst zulässig. Es darf daher zum Beispiel nachgeprüft werden, ob jemand trotz Ermahnung immer wieder Sex-Seiten vom Büro aus abruft (weil einem dort nur der Boss – und der ist schließlich auch ein Mann und würde schon immer wieder ein Auge zudrücken –, aber nicht die eifersüchtige Ehefrau im Genick sitzt) oder stundenlang private E-Mails checkt und riesige Dateien downloadet (weil man zu Hause nur über ein begrenztes Datenvolumen verfügt).
Ist in einem Betrieb hingegen private Kommunikation in vertretbarem Ausmaß erlaubt, darf der Arbeitgeber diese nicht kontrollieren. Dem Chef ist es also ohne Zustimmung generell verboten, das Telefon abzuhören, private Mails zu lesen oder nachzuschauen, auf welchen Seiten im Internet gesurft wurde, da diese Informationen zur Privatsphäre zählen und dem Briefgeheimnis unterliegen. Sollte durchsickern, dass die Firma die private Kommunikation überprüft und über deren Inhalte Bescheid weiß, sollten Sie den Arbeitgeber sofort darauf ansprechen und ihn zur Unterlassung derartiger Ein-

griffe in Ihr Persönlichkeitsrecht auffordern. Hier ist allerdings anzuraten, sich nur auf seriöse Quellen zu verlassen, bevor man zum Chef rennt und ihm die Hölle heiß macht.
Die neue junge Sekretärin, die neidisch auf Ihre gute Position im Betrieb und auf das lockere Verhältnis zum blendend aussehenden Boss ist, wäre dafür also denkbar ungeeignet, ebenso wie die Gerüchteküche, die im Pausenraum brodelt. Auch die Reinemachefrau, die Ihnen hinter vorgehaltener Hand zuraunt, dass der Chef in Ihren Mails gestöbert hat und deshalb über Ihre Affäre mit seiner Schwester Bescheid weiß, kann man keinesfalls als seriöse Quelle bezeichnen.

Siehe dazu § 96 Abs. 1 Z 3 ArbVG

Überwachung

In der Firma müssen wir aufpassen, was wir sagen, da uns der Boss überwachen lässt. Private Gespräche haben am Arbeitsplatz nichts verloren.

Wehe ihm, wenn er das tut!
Auch wenn es natürlich meist nicht gern gesehen ist, dürfen Kollegen im Job private Gespräche miteinander führen, solang die Arbeit nicht darunter leidet (selbstverständlich wäre es sinnvoller, sein chaotisches Liebesleben und den damit verbundenen Kummer mit den Kollegen in der Freizeit zu besprechen, als innerhalb der Arbeitszeit). Fest steht jedenfalls: Eine Überwachung der Mitarbeiter verletzt die Menschenwürde und kann zur sofortigen Anzeige gebracht werden.
Kameras gibt es natürlich auf so manchem Arbeitsplatz, wie etwa in einer Bank, doch diese müssen rein auf den Kundenbereich beschränkt sein. Sind sie aber ausschließlich auf die Plätze der Mitarbeiter gerichtet, sodass festgestellt werden kann, ob diese während der Arbeit zwischendurch auch plaudern, ist das rechtswidrig.

Auch der Einsatz von Spitzel, die zum Beispiel im Supermarkt als Kunden getarnt umherwandern, um die Arbeitskräfte zu kontrollieren, etwa wie oft sie auf die Toilette gehen und wie lang sie dort verbleiben, ist nicht zulässig. Leider wurden in der Vergangenheit einige Fälle bekannt, in welchen der Arbeitgeber massiv in die Privatsphäre seiner Mitarbeiter eingegriffen hat. Hier ist eine konsequente Aufklärung der Arbeitnehmer erforderlich, damit diese den Mut finden, sich, wenn möglich geschlossen, gegen solche Vorgehensweisen zur Wehr zu setzen.

Sexuelle Belästigung

Mein Vorgesetzter glotzt mir ständig in den Ausschnitt, aber das ist doch noch keine sexuelle Belästigung. Außerdem könnte ich ohnehin nichts dagegen unternehmen, sonst bin ich meinen Job los.

Dieses Ferkel!
Der Gesetzgeber definiert ganz klar: Sexuelle Belästigung ist, was als solche empfunden wird (natürlich muss dem Täter dabei bewusst sein oder gemacht werden, dass sein Handeln nicht erwünscht ist). Sie stellt eine Diskriminierung aufgrund des Geschlechtes dar und zieht rechtliche Folgen nach sich.

Die Übergriffe können visuell sein (Poster von Nackten im Arbeitsbereich, anzügliches Zuzwinkern, auf Körperteile starren), aber auch verbal (schmutzige Witze, Artikulation eindeutiger Absichten, Hinterherpfeifen) oder körperlich (Klaps auf den Po, sexuell motiviertes Streicheln eines Körperteiles, exhibitionistische Handlung). Und es ist gleichgültig ob sie vom Chef, von Kollegen oder

Kunden erfolgen. Besonders fies sind Attacken von Vorgesetzten, die dem Opfer bei sexueller Hingabe einen beruflichen Vorteil versprechen, oder bei Verweigerung einen Nachteil androhen.
Bei sexueller Belästigung am Arbeitsplatz haben Sie Anspruch auf einen angemessenen Schadenersatz in der Mindesthöhe von 720 Euro, den Sie gegenüber dem Täter oder auch dem Arbeitgeber (wenn dieser es zum Beispiel schuldhaft unterlässt, angemessene Abhilfe zu schaffen), geltend machen können.
Als eigener strafrechtlicher Bestand gilt sexuelle Belästigung generell allerdings nur, wenn eine geschlechtliche Handlung vorgenommen wird, also ein körperlicher Übergriff erfolgt (hier kann eine Freiheitsstrafe von bis zu sechs Monaten drohen).

Siehe dazu § 218 StGB
Hilfe gibt es unter:
http://www.frauen.bka.gv.at oder http://www.oegb.at
➔ *Zielgruppen* ➔ *Frauen*

Natürlich können auch Männer Opfer einer sexuellen Belästigung werden. Als eine solche gilt zum Beispiel, wenn eine Arbeitskollegin jeden Tag mit tief ausgeschnittenem Top oder fast bis zum Nabel aufgeknöpfter Bluse im Büro erscheint, und ihr ausladendes Dekolleté vor „jeder Manns“ Gesicht hin- und her schaukelt. Dem einen Kollegen gefällt es, und der andere hat Angst, seine Frau könnte es erfahren, wenn er hinschaut. Doch die Jungs, die einen Martin lieber mögen als eine Martina, oder jene, die ganz echt nur den Busen der eigenen Frau erotisch finden, würden diese Zurschaustellung wahrscheinlich als aufdringlich empfinden und könnten dagegen vorgehen.

Männerberatungsstellen unter:
http://www.bmsk.gv.at ➔ *Bürgerservice/Links* ➔ *Männer*
➔ *Männerpolitische Grundsatzabteilung* ➔ *Männerberatungsstellen*

Mobbing

Als „Neue" werde ich von den Kollegen beschimpft und beleidigt, aber das wird sich schon legen, wenn ich nett und freundlich bleibe.

Das nennt man Mobbing, und ziemlich sicher legt sich das nicht, wenn man sich nicht zur Wehr setzt.
Das Schlimmste an der Situation ist, dass die verbalen Attacken erschreckend brutale Formen annehmen können, da sich der oder die Täter gegenüber dem einzelnen Betroffenen umso stärker und unantastbarer fühlen, je mehr sich das Opfer gefallen lässt.
Es gibt eine Reihe von Anzeichen dafür, dass ein Mensch nicht mehr in der Lage ist, den Konflikt ohne Hilfe von Außenstehenden zu lösen. Wenn man mehr und mehr das Vertrauen in sein berufliches Können und in sich selbst verliert, unter Schlafstörungen und dem Gefühl der Hilflosigkeit leidet und sich immer unsicherer und bedrängter fühlt, sollte schnellst möglich etwas unternommen werden.
Den Job zu kündigen ist die schlechteste aller Lösungen, da durch diesen Schritt der verletzte Stolz nicht wiederhergestellt werden kann, was eventuell zur Folge hat, dass man auch sein Selbstvertrauen nicht zurück gewinnt.
Sollten klärende Gespräche mit den Kollegen und in Verbindung damit klar definierte Grenzen der Toleranz nicht helfen, gibt es etliche Anlaufstellen, die man zur Beratung und Unterstützung aufsuchen kann. Doch zuerst sollte man den Arbeitgeber oder den Betriebsrat informieren.

Siehe dazu http://www.arbeiterkammer.at → Arbeit & Recht → Arbeitsklima → Mobbing (inkl. Mobbing-Checkliste),
http://www.mobnet.at
oder *http://aekwien.at → Ärztliche Tätigkeit → Anstellung Spital → Hilfe für Mobbingopfer*

Streik

Wenn alle aus dem Betrieb gemeinsam streiken, kann das keine schlimmen Folgen für uns haben.

Unter Umständen schon!
In Österreich ist Streiken zwar gesetzlich nicht verboten, ein Recht darauf existiert dennoch nicht. Unterschieden wird generell zwischen „gerechtfertigtem" und „wildem" Streik, wobei man von Ersterem spricht, wenn ein sozialpolitisch gerechtfertigtes Anliegen verfolgt wird und die Interessensvertretung hinter dieser Vorgehensweise steht, was bei Letzterem nicht der Fall wäre.
Durch die Teilnahme an einem Streik begeht der Arbeitnehmer jedenfalls einen Vertragsbruch gegenüber dem Arbeitgeber. Ob eine Entlassung daraufhin akzeptiert werden muss oder nicht, ist von Fall zu Fall zu entscheiden. Meist stellt ein „gerechtfertigter" Streik keinen Entlassungsgrund dar, wobei aber zumindest kein Anspruch auf Entgelt für die verstreikte Zeit besteht (wird freundlicherweise in der Regel durch Leistungen der Gewerkschaft ausgeglichen).
Schließt man sich jedoch euphorisch zum Beispiel einem Karl H. an, der eines Tages lautstark verkündet, dass er nicht eher sein Arbeitsgerät in Betrieb nimmt, bevor der Getränkeautomat wieder befüllt ist, und ruft gemeinsam mit ihm und anderen Kollegen „Wir wollen Cola", anstatt mit der Arbeit zu beginnen, wird man wohl damit zu rechnen haben, dem Arbeitsplatz Lebewohl sagen zu müssen.
Friedrich G., der nicht nur kein Cola mag, sondern als Einziger brav seine Maschine anwirft, wird nicht nur nicht entlassen werden, sondern auch seinen vollen Lohn erhalten.

Siehe dazu § 27 Z 4 AngG

Hitzefrei

Schade, dass es hitzefrei nur in der Schule gibt.

Nicht genügend! Setzen!
Ein heißer Sommertag, die Sonne sticht unbarmherzig vom Himmel durch ein Fenster in Ihr Büro, die Luft ist stickig und das Mineralwasser auf Ihrem Schreibtisch beginnt schon fast zu kochen. Nach einem Blick auf das Thermometer an der Wand stellen Sie fest, dass die Temperatur in Ihrem Arbeitsraum 32 Grad Celsius beträgt. Den Stift aus der Hand zu legen oder die Finger von der Tastatur zu nehmen traut man sich dann doch irgendwie nicht, denn der Chef schwitzt sicher auch und geht nicht nach Hause. Bedenken Sie dabei: Der Arbeitgeber sollte sowieso als Letzter das sinkende Schiff verlassen. Außerdem hat er in seinem Büro wahrscheinlich schon längst die Klimaanlage eingeschaltet, von der nur er und seine Sekretärin wissen, die sich alle zwei Stunden bei ihm abkühlt.
Fakt ist, dass Ihr Boss dazu verpflichtet ist, für eine „gesundheitlich zuträgliche Arbeitstemperatur“ zu sorgen, das sind bei geringer körperlicher Belastung zwischen 19 und 25 Grad, bei normaler zwischen 18 und 24 Grad und bei hoher Belastung mindestens 12 Grad. Sollte sich also demnächst Ihr Kind wundern, warum Sie schon am Vormittag wieder nach Hause kommen, können Sie sagen: „Ich habe genauso hitzefrei bekommen wie du. Ätsch!“
Allerdings handelt es sich hier sicherlich um ein „Theorie-Praxis-Problem“. Wirft ein Arbeitnehmer nämlich täglich nach der Mittagspause einen Blick auf das Thermometer und geht dann den ganzen Sommer lang aufgrund der Hitze um 13 Uhr nach Hause, wird das zur Kündigung führen (natürlich ohne dass dabei dieser Umstand als Grund genannt werden wird).

Siehe dazu § 28 Abs. 1 Arbeitsstättenverordnung,
§ 61 ASchG und § 1157 ABGB

Arbeitsunfall

Ein Zusammenstoß mit einem anderen Auto auf dem Weg ins Büro gilt als Arbeitsunfall.

Nicht in jedem Fall!
Es kommt nämlich darauf an, von wo aus sich der Arbeitnehmer auf den Weg macht. Versichert ist man nämlich nur auf der Strecke zwischen „ständigem Aufenthaltsort" und Arbeitsplatz. Übernachtet man hingegen bei einer Freundin oder einem Bekannten und baut auf dem Weg von dort zum Büro einen Unfall, steht dieser nicht unter Versicherungsschutz. Weicht man von der üblichen Strecke allerdings kurz und notwendigerweise ab (zum Beispiel, um zu tanken), bleibt der Versicherungsschutz aufrecht. Eine Ausnahme der Regelung mit dem „ständigen Aufenthaltsort" bildet ein Zweitwohnsitz oder eine Unterkunft in der Nähe des Arbeitsplatzes, in der man wegen der zu großen Entfernung zu seiner Wohnadresse wochentags übernachtet.
Fahren Sie also nach einem Absacker, nach dem Sie es nicht mehr bis nach Hause geschafft haben und bei der Freundin oder dem Freund auf der Couch geschlafen haben, am besten mit öffentlichen Verkehrsmitteln zur Arbeit oder gehen Sie zu Fuß. (Passen Sie aber auf, dass Sie dabei von keinem Yuppie auf Inlineskates, der bereits zwei Stunden Pilates im Park hinter und drei Dosen Energy-Drink in sich hat, über den Haufen gefahren werden.)

Siehe dazu § 175 ASVG

Freizeit

Was ich in der Zeit mache, die ich nicht in der Firma verbringe, kann dem Arbeitgeber egal sein.

Teils, teils.
Natürlich kann kein Chef seinem Angestellten verbieten, in seiner Freizeit Ameisen zu züchten oder künstliche Fingernägel zu produzieren. Vorausgesetzt, es handelt sich dabei nicht um eine Beschäftigung, welche die Leistungsfähigkeit des Arbeitnehmers erheblich beeinträchtigen würde (wenn dieser zum Beispiel stets übermüdet am Arbeitsplatz erscheint) oder um eine Tätigkeit, die in Konkurrenz mit jener am Arbeitsplatz steht.
In jedem Fall untersagt ist eine Nebenbeschäftigung ohne Zustimmung des Arbeitgebers für Angestellte, wenn sie in genau derselben Branche auf eigene oder fremde Rechnung Handelsgeschäfte abschließen. Außerdem ist es verboten, ein selbstständiges kaufmännisches Unternehmen zu betreiben, auch wenn dieses einen anderen Geschäftszweig betrifft. Wenn also etwa ein Arbeitnehmer eines Fingernagelhersteller-Betriebes einer mit diesem konkurrierenden Firma gegen Bezahlung Tipps bei der Erzeugung der Exemplare blassrosa und rauchgelb hinsichtlich des Mischverhältnisses der Farben gibt, kann und wird er von seinem Boss, wenn dieser von dem Fremdgang erfährt, die fristlose Entlassung erhalten. Von Angestellten darf der Arbeitgeber sogar die Herausgabe des Nebeneinkommens verlangen, wenn er gegen das Konkurrenzverbot verstoßen hat.
Erlaubte Tätigkeiten müssen nicht gemeldet werden, es sei denn, es wurde mit dem Chef so vereinbart.

Siehe dazu §§ 7 und 36 AngG

Kündigung im Krankheitsfall

Eine Kündigung im Krankenstand ist nicht erlaubt, wenn ich während dieser Zeit immer brav zu Hause bleibe und nichts mache, um meine Genesung zu gefährden.

Sehr löblich, doch rechtlich gesehen ist eine Kündigung vor oder während eines Krankenstandes zulässig, auch wenn Sie den ganzen Tag im Bett liegen, Kamillendampf inhalieren und heiße Hühnersuppe schlürfen.
Natürlich wird Sie kein Chef kündigen, der Ihre Arbeitskraft zu schätzen weiß, wenn sie hin und wieder wegen einer Erkältung zu Hause bleiben. Anders sieht es aus, wenn ein längerer Krankenstand absehbar ist. Sollten Sie sich zum Beispiel auf der Hochzeitsfeier Ihres besten Freundes beim Armdrücken mit dessen pubertierendem Neffen die Schulter verrenkt haben, muss das ihr Chef zwar nicht erfahren, denn es geht ihn schlicht nichts an, wie oder wobei sie sich verletzt haben, doch er könnte Sie wegen des langen Fernbleibens loswerden wollen. Um Entschädigungsansprüche zu sparen, werden häufig andere Gründe angeführt, die eine Kündigung rechtfertigen, da es nicht zulässig ist, diese wegen eines Krankenstandes auszusprechen.
Ebenso kein gerechtfertigtes Argument für einen Rauswurf ist der Aufenthalt an einem anderen Ort als zu Hause. Da jemand mit einer verrenkten Schulter sicherlich freizügig bemessene Ausgangszeiten vom Arzt genehmigt bekommen wird, darf er in diesen Stunden tun und lassen was er will, außer Tätigkeiten ausüben, die seine Genesung verzögern, nebenberuflich arbeiten oder auf Jobsuche gehen. Natürlich sollte man immer bedenken, dass Probleme vorprogrammiert sind, wenn Sie der Chef während Ihres Krankenstandes beim ausgelassenen Shoppen mit ihrer neuen Freundin sieht, auch wenn Sie nur den Arm in Gips tragen und nicht das Bett hüten müssen.
Eine Arbeitsunfähigkeit muss auf jeden Fall von einem Mediziner festgestellt werden. Danach sollten Sie den Krankenstand im Betrieb

melden, am besten sofort, sonst handelt es sich um unerlaubtes Fernbleiben vom Dienst, wobei die meisten Dienstgeber bei Krankenständen von bis zu drei Kalendertagen auf eine Bescheinigung durch den Arzt verzichten.
Bitte bedenken Sie auch, dass ein Arbeitnehmer, der eine Gefälligkeits-Krankenbestätigung wünscht, strafrechtlich zur Verantwortung gezogen werden kann, ebenso der Mediziner, der diese ausgestellt hat.

Probezeit

Wenn ich in einer neuen Firma zu arbeiten beginne, gelten die ersten paar Wochen als Probezeit.

Es gibt keine automatische Probezeit, die man stets gut gelaunt, übermäßig fleißig und hilfsbereit überstehen muss und zudem noch gezwungen ist, zu allem „Ja und Amen" zu sagen, damit man den Job behält. Eine solche „Bewährung" muss zwischen Arbeitgeber und Arbeitnehmer ausdrücklich vereinbart werden.
Ein besprochenes Dienstverhältnis auf Probe kann darüber hinaus nur für maximal einen Monat ausgemacht werden, in dieser Zeit besteht für beide Seiten die Möglichkeit, dieses ohne Angaben von Gründen zu lösen. Es existiert auch kein Kündigungsschutz für Mütter, Präsenzdienstpflichtige oder Behinderte. Innerhalb des einen Monats müssen keine Abfertigungsbeiträge an die Mitarbeitervorsorgekasse bezahlt werden, trotzdem besteht Sozialversicherungsschutz und eine Entgeltfortzahlungspflicht im Krankheitsfall des Arbeitnehmers.
Am Ende einer Probezeit muss keine Erklärung zur Fortsetzung der Arbeit in dem betreffenden Betrieb abgegeben werden, das Dienstverhältnis wird entweder gelöst oder es geht automatisch in ein unbefristetes über. Oder in ein befristetes, um das Immer-gutgelaunt,

das Übermäßig-fleißig-und-hilfsbereit-Sein und das Zu-allem-Ja-und-Amen-Sagen üben zu können.
Dumm eigentlich, dass es nicht auch für die Ehe einen solchen Probemonat und danach eine befristete Beziehungszeit gibt, wie bereits schon einmal von einer deutschen Politikerin zur Diskussion gestellt. So manchem Partner könnte diese Trainingsphase zur Beibehaltung gewisser guter Eigenschaften, die nach der Heirat oft blitzschnell verloren gehen, absolut nicht schaden.

Siehe dazu § 19 Abs. 2 AngG, § 1158 ABGB
und *§ 6 Mitarbeitervorsorgegesetz*
http://www.betrieblichevorsorgekassen.at → *Liste der BVK*

Rauchen am Arbeitsplatz

Rauchen während der Arbeitszeit muss erlaubt sein, denn ich bin nur dann wirklich leistungsfähig.

Pech gehabt!
Wenn Raucher und Nichtraucher in einem gemeinsamen Büro sitzen, darf dort keine Zigarette angezündet werden, selbst wenn der verständnisvolle Chef das erlauben würde (außer dieser Raum wird auch von betriebsfremden Personen benutzt). Dieses Verbot gilt auch für Sanitär-, Umkleide- und Aufenthaltsräume.
Entgegen einer weit verbreiteten Meinung besteht kein Recht auf möglicherweise als verdient empfundene Rauchpausen, die Unterbrechung kann auf die Arbeitszeit aufgeschlagen werden.
In den gesetzlich vorgeschriebenen Ruhepausen, die unbezahlt und nicht in die Arbeitszeit eingerechnet sind, darf man natürlich nach Herzenslust qualmen, selbstverständlich nur in den vom Chef dafür freigegebenen Räumlichkeiten oder im Freien.

Die Ruhezeit ist vom Arbeitnehmer einzuhalten, diese beträgt mindestens 30 Minuten bei einer Gesamtarbeitszeit von sechs bist neun Stunden, mindestens 45 Minuten bei mehr als neun Stunden Arbeitszeit. Natürlich kann jeder Vorgesetzte das Abhalten von Zigarettenpausen jederzeit gestatten.
Verstöße gegen Rauchverbote oder eigenmächtige Inanspruchnahme von Rauchpausen stellen allerdings nur im Extremfall einen Entlassungsgrund dar, nämlich dann, wenn es zu erheblichen Versäumnissen der Arbeitszeit und dadurch zu betrieblichen Nachteilen kommt. Dazu wird der Arbeitgeber aber zunächst eine Ermahnung aussprechen und die Kündigung androhen müssen.
Sollte der Chef Sie also säuerlich anschauen, wenn sie alle 15 Minuten mit ihrer Zigarettenpackung und dem Feuerzeug in der Hand das Büro verlassen, ist Vorsicht geboten. Keppelt er Ihnen deswegen bereits nach und Sie marschieren trotzdem weiterhin unbeirrt im Viertelstundentakt ins Raucherkammerl, kann Ihr Vorgesetzter verlangen, dass Sie die Pausen einarbeiten – oder Sie feuern.
Dieselben Regeln gelten auch für die Religionsausübung während der Arbeitszeit. Einzige Ausnahme: Ein Arbeitnehmer darf, sofern die dafür benötigte Freizeit mit den Erfordernissen des Betriebes zu vereinbaren sind, jederzeit beten, wenn er während der Wochenend- und Feiertagsruhe beschäftigt wird

Siehe dazu § 8 ARG

Jetzt noch zu den Rechten der armen Nichtraucher: Sie haben die Möglichkeit, sich gegen die Verletzung von Rauchverboten zur Wehr zu setzen. Zuerst sollte der Arbeitgeber verständigt werden, der für Abhilfe zu sorgen hat. Unternimmt der selbst vielleicht schwer süchtige Chef nichts, um die Qualmer in ihre Schranken zu verweisen, so können die Nichtraucher Beschwerde beim Betriebsrat einlegen (wenn keiner vorhanden bei der Arbeitsinspektion unter *http://www.arbeitsinspektion.gv.at* oder beim Bundesministerium für

Gesundheit und Frauen) und mit dessen Hilfe auch Ansprüche gegen den Arbeitgeber geltend machen: Sie haben ein Leistungsverweigerungsrecht bei Fortzahlung des Entgelts, unter Umständen ein Austrittsrecht und Schadenersatzansprüche. Auch eine Klage auf Herstellung des gesetzmäßigen Zustandes ist möglich. Gegen die rauchenden Arbeitskollegen kann unter gewissen Voraussetzungen mit Unterlassungsansprüchen (und vielleicht sogar mit Schadenersatzansprüchen vor allem wegen gesundheitlicher Schäden) vorgegangen werden.

In Geldangelegenheiten

Das Geld hat noch keinen reich gemacht!
Lucius Annaeus Seneca, römischer Philosoph und Dichter (4 v. Chr.–65 n. Chr.)

Würde man eine gute Fee fragen, welche drei Wünsche sie am häufigsten erfüllen sollte, wären es mit Sicherheit:
1. Die Liebe fürs Leben treffen,
2. gesund alt werden und
3. einen Sechser im Lotto gewinnen.

Selbst wenn sich der so vom Glück Beholdete bescheiden gibt und gar nicht den Sechser-Jackpot anstrebt, fest steht, dass sich die Chancen auf Erfüllung des Geldsegens in welcher Form auch immer gegen null bewegen. Es bleibt einem also nur die Möglichkeit, vernünftig mit seinem hart verdienten Geld umzugehen und sparsam zu wirtschaften, ohne dabei den Ruf zu kassieren, ein Schnorrer oder Geizhals zu sein.
Mit ein paar Erklärungen, was Geldangelegenheiten betrifft, die zwar niemanden wirklich reicher, aber auch ganz sicher nicht ärmer machen, sollen in diesem Kapitel einige Irrtümer aus dem Weg geräumt werden, die sich im Lauf der Zeit angehäuft haben. Und sollte es sich nach dem Lesen der folgenden Zeilen ausgehen, dass der Käufer dieses Buches in nächster Zeit ein paar Euro mehr im Geldbörsel hat (weil er sich unsere Tipps zu Herzen nimmt), wurde bereits richtig und gewinnbringend von ihm gewirtschaftet.

Steuererklärung

Man muss seine Einkommensteuererklärung bis spätestens 30. April des Folgejahres abgeben, sonst kann man sich eine eventuelle Rückerstattung in die Haare schmieren, und gestraft wird man außerdem.

Eine solche Deadline existiert eigentlich nicht!
Da sich dieses Datum in den Köpfen jener Bürger, die verpflichtet sind, eine Einkommensteuererklärung abzugeben, hartnäckig festgesetzt zu haben scheint, beginnen die armen Betroffenen spätestens Mitte April hektisch alle Unterlagen von der Bücherrechnung bis zu Omas Röntgenbild zusammen zu sammeln, um sich dann eine Woche lang jede Nacht um die Ohren zu schlagen. Dann brüten sie über den Papieren oder aber den Haufen Zetteln und Fakturen, um sie anschließend einem Steuerberater in die Hand drücken zu können. Hat man sich für den Profi entschieden, dem man mindestens genauso vertrauen sollte wie seinem Zahnarzt, kann dieser die Frist nach Vereinbarung mit dem Finanzamt verlängern, eine Abgabe kann so durchaus bis zum 31.12. des Folgejahres hinausgezögert werden. Ist der Klient ein besonders schwerer Fall, kann der Steuerberater eine weitere Verlängerung bis Ende Februar des Jahres nach dem Folgejahr erwirken.
In beiden Fällen darf das Finanzamt aber vor Ablauf dieser Zeit Erklärungen anfordern. Erfolgt die Abgabe der Einkommensteuererklärung auf elektronischem Weg, ist diese bis Ende Juni des Folgejahres abzuliefern. Dabei kann auch jeder selbstständig Erwerbstätige, auch wenn er nicht das Internet nutzt, jederzeit mit dem Finanzamt eine Fristverlängerung vereinbaren. Die zuständigen Sachbearbeiter sind dann fast immer so nett und gewähren den Aufschub.
Unselbstständig Erwerbstätige und Pensionisten können (es besteht keine Verpflichtung dazu) beim jeweiligen Wohnsitzfinanzamt die Arbeitnehmerveranlagung, auch Jahresausgleich genannt, beantragen.

Man kann für das vergangene Kalenderjahr Absetzbeträge, Freibeträge und eine mögliche Negativsteuer geltend machen, was maximal fünf Jahre rückwirkend möglich ist.

Siehe dazu http://www.arbeiterkammer.at → Steuer & Geld → Steuer sparen → Geld zurück vom Finanzamt,
sowie *http://www.arbeiterkammer.at/arbeitnehmerveranlagung*

Geldscheine vernichten

Ich darf keinen Geldschein vernichten, denn der gehört der Nationalbank, mein Eigentum ist nur der Wert des Geldes.

In der österreichischen Rechtsordnung existiert keine Bestimmung, wonach es verboten wäre, in seinem Eigentum stehende Banknoten zu zerstören.
Wer im Rahmen eines feuchtfröhlichen Trinkgelages also vor seinen Freunden angeben will, der kann und darf sich im Stil des unvergesslichen J.R. Ewing seine Zigarre mit einem Hundert-Euro-Schein anzünden, solang er danach noch seine Rechnung im Lokal begleichen kann.
Tipp am Rande: Ratsam wäre es wahrscheinlich, diese doch ein wenig größenwahnsinnig wirkende Aktion nur im Kreise wirklich guter Freunde und in einem Lokal seines Vertrauens zu starten, denn es besteht die Möglichkeit, dass man sich sonst einige Zeit später in einer weißen Jacke in Umarmung mit sich selbst befindet (wobei es nicht ganz einfach sein wird, das zu „arrangieren").

Siehe dazu http://www.ris.bka.gv.at → Bundesrecht → Suche Unterbringungsgesetz → § 3

Das Recht des Eigentümers gilt übrigens auch für Münzen. Sollte man also zum Beispiel das unwiderstehliche Verlangen verspüren, eine Zwei-Euro-Münze in einem Freizeitpark zu einer Erinnerungsmünze umpressen zu lassen, ist das genauso erlaubt, wie das gesamte Kleingeld aus seiner Geldbörse in den Trevi-Brunnen zu schütten.
Es ist in diesem Zusammenhang aber darauf hinzuweisen, dass durch äußerliche Veränderungen von Geldscheinen oder Münzen diese ihren Charakter als gesetzliches Zahlungsmittel verlieren und daher nicht weiter zu Zahlungszwecken in Umlauf gebracht werden dürfen. Die nationalen Zentralbanken tauschen schadhafte oder beschädigte Münzen und Banknoten, die als gesetzliches Zahlungsmittel gelten, zwar unter bestimmten Voraussetzungen um, bestehen jedoch ausreichende Gründe zur Annahme, dass die Beschädigung der Münzen oder Scheine vorsätzlich herbeigeführt wurde, verweigern die Banken den Umtausch und behalten die betreffenden Exemplare ein, um so zu verhindern, dass diese wieder in Umlauf gelangen.

Siehe dazu § 362 ABGB

Mahnung

Ich muss drei Mal zu einer Zahlung gemahnt werden, bevor ich geklagt werden kann, Mahnspesen brauche ich nicht zu bezahlen, wenn ich einfach den Original-Beleg verwende.

Gleich zwei Irrtümer auf einmal!
Jedes Unternehmen kann nach Ablauf der Zahlungsfrist den Rechnungsbetrag sofort einklagen und ist nicht verpflichtet, eine Mahnung zu verschicken. Meist wird das jedoch im Interesse beider Seiten geschehen, da die Möglichkeit besteht, dass eine Rechnung übersehen wurde und keine böse Absicht dahinter steckt. Normalerweise

geschieht dies drei Mal mit einem jeweiligen Aufschlag von Mahnspesen, bevor ein Unternehmen vor Gericht geht. Im Fall einer Klage kommen dann zum schuldig gebliebenen Betrag und den Zinsen die Inkassokosten (dabei darf die Summe der Zinsen die Höhe des ursprünglichen Betrages nicht übersteigen).
Sollte bei Erhalt einer Rechnung also gerade Ebbe am Konto herrschen, hat es wenig Sinn, den Kopf in den Sand zu stecken und die Zahlung stillschweigend hinauszuzögern. Jede Firma wird Verständnis für eine finanzielle Notlage haben und gewährt sicherlich Zahlungsaufschub oder ist mit dem Abstottern des fälligen Betrages in Raten einverstanden.
Natürlich darf man auch nicht stillschweigend nur einen Teil der Summe begleichen, wenn man der Meinung ist, dass die Ware nun doch nicht so toll aussieht wie angenommen oder sie nicht in der Form geliefert wurde wie vereinbart. Es muss immer Klartext gesprochen werden, denn bisher beschäftigen nur wenige Unternehmen Mitarbeiter, die alle säumigen Käufer durchtelefonieren, um sich nach deren finanziellen Befindlichkeiten zu erkundigen oder um nachzufragen, ob das rosafarbene Tischtuch auch wirklich 1,5 x 2,3 Meter misst und zu den gelben Tapeten des Kunden passt.
Die Mahnspesen müssen dann bezahlt werden, wenn in den Allgemeinen Geschäftsbedingungen (AGB) des Verkäufers die Zahlung dieser Kosten vertraglich festgelegt ist (die AGB hat der Käufer mit dem Kauf einer Ware automatisch akzeptiert). Es sei denn, nicht der Käufer war nachlässig, sondern der Verkäufer, wenn beispielsweise vor der Zahlungsaufforderung keine Rechnung gelegt oder die Ware noch gar nicht oder diese mangelhaft geliefert wurde.

Siehe dazu §§ 1334 f ABGB

Falschgeld

Wenn ich mit Falschgeld bezahle, das mir jemand angedreht hat, wird mir der Betrag von der Nationalbank ersetzt.

Leider ist dem nicht so!
Ein Fallbeispiel: Die 77-jährige Berta L. möchte ihre sieben Packungen Zigarillos in der Trafik mit einem Hundert-Euro-Schein bezahlen, der vom Angestellten auf Echtheit überprüft wird. Es stellt sich heraus, dass sich die nette alte Dame eine Blüte hat unterjubeln lassen. Leider kann sie nicht mehr nachvollziehen, wo oder von wem sie den falschen Schein erhalten hat.
Aufgebracht fährt Berta L. zur ihrer Hausbank und wedelt dort mit der Banknote vor der Nase ihrer Lieblingsbankangestellten herum: „Stellen Sie sich vor, was mir passiert ist. Ich kann froh sein, dass ich hier bin und nicht im Kittchen, wo man mich vielleicht monatelang mit tätowierten Mannsweibern auf engstem Raum zusammengesperrt hätte."
Irritiert lächelt die junge Frau ihre Stammkundin an, ohne zu wissen, wovon diese überhaupt spricht. Den verständnislosen Blick bemerkend, erläutert Berta L. immer noch schäumend vor Wut: „Mir wurde eine Blüte angedreht, leider weiß ich nicht mehr wo. Aber Sie können ja nichts dafür", fährt Frau L. etwas leiser und bereits weniger erzürnt fort, „geben Sie mir jetzt einfach einen echten Hunderter, und ich bin auch schon wieder weg und störe Sie nicht länger. Sie haben ja sicher viel zu tun, Kindchen, nicht wahr?"
Jetzt ja! Dreißig Minuten und viele Beschwichtigungen wie Erklärungen später, verlässt Berta L. ohne falschen, aber auch ohne neuen echten Hunderter – dafür mit einer Information mehr – das Bankgebäude. Geldinstitute sind verpflichtet, falsche und fälschungsverdächtige Banknoten und Münzen einzubehalten und im Gegenzug einen Beleg über den Gegenwert auszustellen. Sollte sich das Geld als echt erweisen, wird der Betrag selbstverständlich rückerstattet, han-

delt es sich um Falschgeld, ist der Wert verloren. Gibt man eine Fälschung wissentlich weiter und belässt diese damit im Umlauf, macht man sich strafbar.

Siehe dazu § 79 NBG und § 236 StGB

Falschgeld erkennen unter:
http://www.oenb.at → Rund ums Geld → Euro-Falschgeld

Steuerabsetzmöglichkeiten

Ich kann nur von der Steuer absetzen, was mit dem Job zu tun hat.

Nicht unbedingt!
Zum Beispiel sind Ausgaben für die Wohnraumsanierung steuerlich absetzbar, wobei es keinen Unterschied macht, ob man diese bar bezahlt oder über Kredit finanziert.

Zur Höchstgrenze und Viertelung siehe:
http://www.arbeiterkammer.at → Steuer & Geld → Steuer sparen → Sonderausgaben

Wichtig ist dabei, dass die Arbeiten von einer Firma durchgeführt werden. Kauft man nur das Material und stemmt, hämmert, bohrt und schraubt selbst, gibt es keinen Cent vom Finanzamt zurück. Außerdem muss der Mieter selbst die Sanierung in Auftrag geben. Es kann nichts von der Steuer abgesetzt werden, wenn zum Beispiel bei einem Wohnhaus das Dach erneuert wird und der Vermieter die Kosten über die Miete weiter verrechnet.
Außerdem muss schon einiges im Argen liegen, damit der Fiskus ein Einsehen hat. Nur frisch ausmalen oder neue Möbel kaufen, gilt

nicht. Nicht einmal dann, wenn man Fotos vorlegen kann, die von den fingerfarbenen Kunstwerken der Kinder auf der ehedem schneeweißen Wand oder dem schwer lädierten Lieblingssessel des übergewichtigen Schwiegervaters in Ihrem Wohnzimmer zeugen. Um die Wohnungssanierung absetzen zu können, sollten zumindest die Fenster so undicht sein, dass sich die Vorhänge bei Windböen bis in die Mitte des Zimmers blähen. Auch erst wenn sich die Heizung beharrlich verweigert, mehr Wärme als 17 Grad Celsius abzugeben, während sie auch noch laut vor sich hin klackert, sind die Kosten absetzbar.

Weitere Tipps zum Steuer sparen:
http://www.arbeiterkammer.at → *Steuer & Geld* → *Geld zurück vom Finanzamt* → *Broschüre: Steuer Sparen (2008)*
Rechtliche Hinweise und Tipps zum Thema Steuern:
http://www.bmf.gv.at/steuern/

Bausparer

Jeder sollte einen Bausparvertrag haben, das ist immer noch die beste und lukrativste Sparvariante.

Hierbei handelt es sich zwar nicht um Recht im Zusammenhang mit den Gesetzen, dafür aber um Ihr gutes Recht, Traditionen zu durchbrechen – außerdem um einen großen Irrtum!
Viele Eltern schließen bereits für ihren in der Wiege krähenden Sprössling einen Bausparvertrag ab, weil es deren Eltern eben auch so gemacht haben. Jeder zweite Österreicher hat einen, und irgendwie gehört der eben dazu. Bausparen ist eine der beliebtesten Sparformen der Österreicher, bei den vier Bausparkassen liegen rund 5,1 Millionen Verträge auf. Die Arbeiterkammer hat diese unter die Lupe genommen und kam zu folgendem Ergebnis:

Die Informationen auf den Jahreskontoauszügen sind mangelhaft, es fehlen Angaben zu Zinssätzen oder Bausparprämien. Bei Neuabschluss gibt es Zinsen zwischen vier und 4,5 Prozent, diese sind freilich nur auf ein Jahr fix, danach variabel und um einiges geringer. Am meisten zufrieden stellend schnitt bei dem Test die S-Bausparkasse ab, dort sind die Kontoauszüge in Ordnung, dafür bekommt man hier den niedrigsten Zinssatz (3,3 Prozent im Jahr 2008) nach einem Jahr Bindung.

Hinweise, worauf Sie beim Abschluss eines Bausparvertrages achten sollten und die Testergebnisse im Detail unter:
http://www.arbeiterkammer.at → *Steuer und Geld*
→ *Zinsfalle beim Bausparer*
Tipps für alle Spareinlagen:
http://www.arbeiterkammer.at → *Konsument* → *Geld* → *Sparen*

500-Euro-Schein

Wenn ich mit einem 500-Euro-Schein bezahlen möchte, dann muss ich das tun dürfen.

Eigentlich schon, aber in manchen Fällen eben auch wieder nicht! Im österreichischen Nationalbankgesetz ist klar festgelegt, dass die Euro-Banknoten zum vollen Nennwert als Zahlungsmittel uneingeschränkt angenommen werden müssen. Hinweise bei Tankstellen, in kleinen Einkaufsläden oder in Taxis, die besagen, dass 200- und 500-Euro-Scheine nicht akzeptiert werden, sind deshalb rechtlich unzulässig. Trotzdem hat zum Beispiel für den Taxler, der tapfer jede Nacht die übelsten Vierteln der Stadt durchkreuzt, eine Annahmeverweigerung großer Geldscheine aus Sicherheitsgründen keine Konsequenzen, ebenso wenig wie für den Trafikanten, wenn er um sechs Uhr

morgens eine 55 Cent Briefmarke verkauft und noch nicht genügend Wechselgeld in der Kasse hat, um auf 500 Euro herausgeben zu können. Der Gesetzgeber hat nämlich keine entsprechenden Maßnahmen vorgesehen, mit denen die Annahme von Banknoten erzwungen werden kann. Wenn sich also ein Unternehmer weigert, bestimmte Banknoten anzunehmen, ist das rechtlich derzeit nicht beeinspruchbar. Im Übrigen hat der Unternehmer eine gewisse Abschlussfreiheit, also die Freiheit zu bestimmen, mit wem er ein Rechtsgeschäft abschließt.
Bei Kleingeld gibt es allerdings durchaus eine Beschränkung: Bei einem Zahlungsvorgang muss man höchstens 50 Münzen annehmen. Wer also kurz vor Ladenschluss vergebens seine Geldbörse sucht und in höchster Eile hektisch des Sohnemanns Sparschwein mit den Cent-Münzen schlachtet, um damit im Supermarkt den Wochenendeinkauf zu bezahlen, der wird wohl auf den guten Willen des Kassenpersonals angewiesen sein.

Siehe dazu § 61 NBG

Spielschulden

Wenn ich mit den Kumpels zocke und dabei gewinne, müssen die ihre Spielschulden in jedem Fall bezahlen.

Erstens ist es schon einmal verboten, selbst Zusammenkünfte abzuhalten oder sich gewerbsmäßig daran zu beteiligen, bei welchen um Geld gespielt wird und Gewinn und Verlust ausschließlich oder vorwiegend vom Zufall abhängen.
Es gibt freilich Ausnahmen: Wer zum Leidwesen der Ehefrau jeden Donnerstag zu Hause einen „Herrenabend“ veranstaltet, an dem bis spät in die Nacht gepokert wird, bis die Karten qualmen, macht sich

nur dann nicht strafbar, wenn die Einsätze gering sind, oder das erspielte Geld karitativen Zwecken zugeführt wird. Was doch ganz sicher der Fall ist, oder Jungs?
Zweitens besteht bei jedem Glücksspiel, das nicht staatlich oder behördlich genehmigt ist, grundsätzlich eine freiwillige Zahlungsverpflichtung, ebenso wie bei Wetten. Wenn also der dicke Fredi plötzlich cholerisch wird, weil er schon wieder verloren hat, und aus dem Haus stürmt, kann der Sieger Fredis Anteil nicht einklagen.
Ein weiterer Irrglaube ist übrigens auch jener, dass ein Spielsüchtiger, der Tausende von Euros im Casino verspielt hat, diese später von der Spielbank zurückfordern kann. Die „Casinos Austria" haften nur dann, wenn ihnen Aufsichtspflichtverletzung und grobe Fahrlässigkeit nachgewiesen werden kann (wenn beispielsweise vermutet werden muss, dass jemand süchtig ist, weil die betreffende Person täglich im Casino aufkreuzt und stundenlang spielt oder bereits gesperrt war und erneut häufig erscheint). Ansprüche sind bis spätestens sechs Monate nach dem letzten Spielbankbesuch geltend zu machen.

Siehe dazu § 25 GspG, § 168 StGB, §§ 1174 Abs. 2 und 1269 ff ABGB
Details und rechtliche Hinweise zum Glücksspiel:
http://www.bmf.gv.at → *Suche Glücksspielmonopol*

Haustierpfändung

Der Exekutor kann zwar meinen DVD-Rekorder pfänden, nicht aber mein geliebtes Haustier.

Das mag wohl stimmen, wenn es sich um den altersschwachen Kanarienvogel Burli handelt. Bei der edlen Perserkatze Mutzi könnte es aber haarig werden!
Natürlich wäre es mehr als herzlos, klebte der Exekutor seine Pfän-

dungsmarke tatsächlich auf das rassige Tier. Könnte er aber, wenn vom Besitzer nicht nachgewiesen werden kann, dass eine enge gefühlsmäßige Bindung zu Mutzi besteht und diese nicht zu Zuchtzwecken angeschafft wurde. Für eine Pfändung muss das Tier aber mehr als 750 Euro wert sein).

Handelt es sich bei dem geliebten Haustier um eine Milchkuh, darf der Gerichtsvollzieher zwar um eine Kostprobe vom Erzeugnis des Paarhufers bitten, aber weder dieses noch den Produzenten selbst pfänden. Dasselbe gilt für je zwei Schweine, Ziegen oder Schafe, sofern diese für die Ernährung des Verpflichteten oder der mit ihm im gemeinsamen Haushalt lebenden Familienmitglieder erforderlich sind.

Wollen Sie die Schweinderl Rosa und Pinki also unbedingt behalten, sollten Sie das Kohlendioxyd bereithalten, das man zum Betäuben der Tiere vor der Schlachtung verwendet, wenn der Gerichtsvollzieher vor der Türe steht, und nicht den Eindruck erwecken, als würden Sie sich eher von den Algen in Ihrem Aquarium ernähren, als den beiden Rosahäutern auch nur ein Haar zu krümmen.

Siehe dazu § 250 EO Abs. 1 Z 4

Schmerzensgeld

Rutsche ich im Supermarkt auf einem Salatblatt aus, kann ich Schmerzensgeld verlangen.

Nicht bei uns!

In den USA trifft das vielleicht zu, der österreichische Gesetzgeber

verlangt hingegen ein Mindestmaß an Eigenverantwortung und Aufmerksamkeit von den Bürgern. Das heißt, es kann vom Geschäftsinhaber oder seinen Mitarbeitern nicht verlangt werden, die Böden ständig nach abgefallenen Salatblättern abzusuchen.
Zur Beruhigung sei gesagt, dass eine solche Annahme des Eigenverschuldens wie in diesem Fall eher zu den Ausnahmen zählt. Ein Unternehmer (egal, ob es sich dabei um den Filialleiter einer Supermarkt-Kette oder den Inhaber eines Fitness-Studios handelt) haftet in der Regel für Schäden, die Kunden aufgrund seiner Fahrlässigkeit erleiden. Es handelt sich dabei um die Verkehrssicherungspflicht (auch wenn keine Fahrzeuge im Spiel sind). Das heißt, dass jeder, der einen Verkehr für Menschen eröffnet, die für ihn zumutbaren notwendigen Vorkehrungen zu treffen hat, um eine Schädigung der Benutzer abzuwenden. Das gilt sowohl für Geschäftsräume inklusive Gänge und Treppen, als auch für deren Zufahrten. Wurde also zum Beispiel in einem Verkaufsraum der Boden aufgewaschen und keines von diesen netten gelben Dreieckschildern aufgestellt, auf der eine Figur zu sehen ist, die es jeden Moment auf ihren Strichmännchenpopo zu setzen scheint, und Sie landen deshalb auf Ihrem mit Sicherheit etwas besser gepolsterten Hinterteil, hat der Unternehmer fahrlässig gehandelt – Sie haben Anspruch auf Schmerzensgeld. Bei der Bemessung desselben halten sich die Gerichte an die Art und Schwere der Verletzung, an die Dauer und Intensität des körperlichen und seelischen Schmerzes unter Berücksichtigung des Zeitrahmens der Beeinträchtigung des Gesundheitszustandes und des Verdienstentganges.
Richtwerte beim Schmerzensgeld (im Schnitt):
Leichte 100 Euro, mittlere 200 Euro und schwere Schmerzen 300 Euro.

Siehe dazu §§ 1293 ff, 1311, 1318, 1319 und 1325 ABGB

§ Als Konsument

Eine Frau kauft immer irgendetwas!
Publius Ovidius Naso, genannt „Ovid“, römischer Dichter (43 v. Chr.–18 n. Chr.)

So ein Satz, gesprochen noch vor Christi Geburt, stimmt nachdenklich! Bedeutet das etwa, dass Frauen immer schon gern eingekauft, und Männer sich schon seit eh und je darüber gewundert, aufgeregt oder es einfach nur festgestellt haben?
Interessant in diesem Zusammenhang ist das meist grundsätzlich verschiedene Einkaufsverhalten bei Männlein und Weiblein. Zieht ein Paar gemeinsam los, um beispielsweise Haushaltsgeräte im Elektrofachmarkt zu besorgen, liegen beim Mann spätestens nach einer halben Stunde die Nerven blank. Während die Frau akribisch bereits die fünfte Waschmaschine auf ihre Funktionen hin untersucht, starrt der ungeduldige Gatte beinahe tränenblind auf das kleinste und billigste Gerät in der Reihe, das seine Partnerin von vornherein vom Kauf ausgeschlossen hat. In Baumärkten wiederum muss die Frau versuchen ruhig zu bleiben, wenn ihr Kerl stundenlang durch den Markt läuft mit großen Augen wie ein Kind vor dem Weihnachtsbaum, während er jedem Gerät, das „mehr Power" als sein eigenes zu Hause hat, fast verliebte Blicke zuwirft. Doch diese Differenzen gehören in den privaten Bereich. Andere hingegen spielen sich innerhalb der rechtlichen Rahmenbedingungen zwischen Verbrauchern und Unternehmern ab. Eines sei hierzu gesagt: Der Konsument irrt, so lang er kauft!

Wasser gratis

In einem Lokal muss ich Wasser gratis bekommen, außerdem darf ich ohne zu konsumieren das WC benutzen.

Prinzipiell muss Ihnen kein Wirt Wasser schenken!
Andere Länder, andere Sitten: In den USA oder in Asien bekommt man automatisch das kühle Nass zum Essen gratis serviert (wobei es sich nicht immer empfiehlt, dieses auch zu trinken, will man die nachfolgenden Tage nicht ständig mit Montezumas Rache und der Suche nach einem WC verbringen). Prinzipiell könnte ein Kellner für ein Glas Leitungswasser Geld verlangen, denn es muss ja auch serviert und das benutzte Glas abgespült werden, die Kosten lägen dann bei zirka 35 bis 40 Prozent des Mineralwasserpreises. Für den halben Liter „Hahnwasser" könnte man Ihnen also rund einen Euro abknöpfen. Doch in den wenigsten Lokalen wird der Gast, wenn er dort auch etwas anderes konsumiert, für das Glas Wasser bezahlen müssen. Auch wird es einem sicherlich nicht verwehrt, wenn man, ohne sich an einen Tisch zu setzen, ein solches erbittet, weil man am verdursten und gleichzeitig völlig blank ist. Doch für die Zurückführung der Flüssigkeit in den Wasserkreislauf, sprich für die Benutzung der Toilette, darf Sie der Wirt auf jeden Fall zur Kasse bitten, wenn Sie nichts konsumieren und rein aus Mangel an Alternativen sein WC benutzen müssen.

Taxischlange

Bei einer Taxischlange muss man in das erste Auto einsteigen.

Fair wäre es (weil der erste Taxler in der Schlange wahrscheinlich schon am längsten dort wartet), aber eine Verpflichtung dazu besteht nicht.

Jeder Mensch hat das Recht, sich das Fahrzeug, mit dem er entgeltlich befördert werden möchte, frei auszuwählen.

Garantierter Erfolg

Erfolg kann nicht garantiert werden.

Warum steht dann zum Beispiel in Verträgen von Schlankheitsinstituten oft „Gewichtsabnahme garantiert"? Weil hier eine raffinierte Art des Kundenfangs betrieben wird, deshalb!
Doch es besteht die Möglichkeit, Verträge dieser Art wegen Irreführung bei Abschluss im Nachhinein anzufechten und das bereits bezahlte Geld zurückzufordern. Selbstverständlich gilt dies nicht generell, sondern nur bei Instituten, welche die Gewichtsabnahme durch einseitige Maßnahmen versprechen, ohne darauf hinzuweisen, dass diese nur in Kombination mit körperlicher Betätigung und einer Ernährungsumstellung zu erreichen sein wird.
Wenn also zum Beispiel Annemarie F. einen Vertrag mit dem Schönheitscenter „Knackpo" abschließt, in dem garantiert wird, dass ihr Hinterteil allein durch Thermowickel viele Zentimeter an Umfang verlieren wird, und der Erfolg dann doch nicht eintritt (was anzunehmen ist), sollte sie etwas gegen diese unseriöse Geschäftspraxis unternehmen.

Siehe dazu § 871 ABGB

Leistung ohne Einwilligung

Für eine Leistung, die ohne meine vorherige Einwilligung erbracht wurde, muss ich nicht bezahlen.

Nur wenn kein Notfall vorliegt oder die gebotene Leistung objektiv nicht nützlich ist.
Beispiel A: Ihr Nachbar, Georg R., entdeckt Ihre Katze Mimi (von der er weiß, dass Sie mit ganzem Herzen an ihr hängen und dem Tier jede medizinische Versorgung zukommen lassen) mit einem gebrochenen Beinchen auf der Straße vor Ihrem Haus. Er läutet an, doch Sie sind nicht daheim. Der nette Herr packt Ihre Mimi in sein Auto und fährt zum Tierarzt, der die verletzte Katze sofort operiert. Selbstverständlich sind hier die Kosten vom Besitzer des Tieres zu übernehmen, der Nachbar darf sogar einen Aufwandersatz fordern (auch wenn die Katze nicht überlebt).
Beispiel B: Sie beauftragen den Gärtner Reinhard B., der während Ihres Urlaubes in Mallorca Ihr kleines Paradies vor dem Haus verschönern soll (Hecken stutzen, Unkraut zupfen etc.). Als Sie nach mehrwöchiger Abwesenheit Ihren Garten betreten, trifft Sie beinahe der Schlag: Der stolze Nussbaum ist weg! Nach Rücksprache mit Reinhard B. stellt sich heraus, dass nach einem Sturm der Baum umzuknicken und auf das Haus zu fallen drohte, weswegen er gefällt werden musste. In diesem Fall sind die Kosten natürlich ebenfalls von Ihnen zu übernehmen.
Beispiel C: Sie lassen von einer Spenglerei Ihr Dach reparieren. Horst F., der gewissenhafte Meister des Betriebes, saniert Ihren Schornstein gleich mit, weil er der Ansicht ist, dass dieser es sowieso bald einmal nötig gehabt hätte. Horst F. wird in diesem Fall die Arbeit auf eigene Kosten rückgängig machen müssen, wenn Sie nicht dafür bezahlen wollen.

Siehe dazu §§ 1035 ff ABGB

Gewinnzusage

Versprochene Gewinnzusagen kann man einklagen.

Theoretisch ja!
Seit 1.10.1999 kann man als Empfänger einer Gewinnzusage, bei welcher der Eindruck entstehen muss, dass man bereits gewonnen hat, rechtlich gegen diese Irreführung und unlautere Werbemethode vorgehen. Kommt es nach einer schriftlichen Einforderung des Gewinnes nicht zur dementsprechenden Reaktion, kann man die Auszahlung oder Auslieferung einklagen.
Freilich kommt man als „Glückspilz" oft vom Regen in die Traufe: Sollten nämlich viele Konsumenten dieselbe Idee haben und ihre Gewinne einfordern, wird das Unternehmen, wenn man dessen überhaupt habhaft wird, Konkurs anmelden müssen (oder es ist womöglich schon von Haus aus zahlungsunfähig). Im besten Fall wird die Konkursmasse aufgeteilt, wobei meistens die dem Einzelnen zufallende Summe nicht einmal die Verfahrenskosten decken wird. Sinnvoll ist eine Klage nur dann, wenn sich die Rechtsschutzversicherung auf die Sache einlässt und sämtliche Kosten übernimmt.
Andernfalls sollte man sich an den Konsumentenschutz oder die Arbeiterkammer wenden, die versuchen werden, mit einer Unterlassungsklage dem Treiben des unseriösen Unternehmens ein Ende zu setzen.

Siehe dazu § 5j KSchG

Auch das Geschäft mit den Werbefahrten boomt, auf welchen die Teilnehmer oft im Rahmen aggressiver Verkaufsgespräche überredet werden, Dinge zu kaufen, die sie eigentlich gar nicht brauchen. Doch seit 27. Februar 2008 gibt es eine Änderung in der Gewerbeordnung, aufgrund derer es die Unternehmer etwas schwerer haben, gutgläubigen Menschen während eines organisierten Ausfluges etwas aufzu-

schwatzen. Unter anderem muss auf der Einladung zu einer Werbefahrt stehen, dass dort weder Produkte verkauft, noch Bestellungen entgegengenommen werden dürfen. Verlockende Gewinnzusagen oder die Ankündigung von Gratisleistungen auf der Einladung sind verboten.
Wenn die Omi entgegen aller Warnungen dennoch an einer Heizdeckenfahrt teilgenommen hat, weil sie unbedingt noch einmal in ihrem Leben Maria Taferl sehen wollte, und sitzt sie jetzt auf einer Ware, die sie sich eigentlich gar nicht leisten kann, hat sie das Recht, vom Kauf zurückzutreten.

Siehe dazu § 57 Abs. 5 und 6 GewO (Gewerbeordnung)
und *§ 3 Abs. 2 KSchG*

Kostenvoranschlag

Ein Kostenvoranschlag muss gratis sein.

Das entscheidet ganz allein der Unternehmer!
In den meisten Fällen wird der Werkstätteninhaber dem Autobesitzer kein Geld abknöpfen, wenn er ihm auflistet, was die nötigen Reparaturen an dem Fahrzeug ausmachen werden. Trotzdem kann natürlich jedes Unternehmen seinem Kunden im Vorhinein Bescheid geben, dass der Kostenvoranschlag nicht gratis ist, damit der Kunde frei verfügen kann, ob er dafür bezahlen möchte oder nicht. Das wird meist dann der Fall sein, wenn die Auflistung der zu erbringenden Leistungen mit großem Aufwand verbunden ist. Auch muss sich die im Kostenvoranschlag genannte Summe nicht zwangsläufig mit jener der danach tatsächlich erbrachten Leistung decken, wenn es sich um einen unverbindlichen Kostenvoranschlag handelt (im Gegensatz zum verbindlichen, wo der dort genannte Preis die Obergrenze der

späteren Zahlung darstellt). Wenn ein Unternehmer nicht ausdrücklich auf die Unverbindlichkeit hinweist, ist ein Kostenvoranschlag immer verbindlich.

Siehe dazu § 1170a ABGB und § 5 KSchG

Unverlangt zugesandte Ware

Wenn mir unverlangt Ware zugesandt wurde, muss ich sie zwar nicht bezahlen, aber zurückschicken.

Sie können das Zeug wegwerfen (oder behalten, natürlich ohne dafür auch nur einen Cent zu bezahlen, wenn es sich um brauchbare Dinge handelt)!
Vorsicht: Steht auf dem Paket, das Reizwäsche für den Mann von (Unter-)Welt enthält, der Name Ihres Nachbarn (was Sie peinlicherweise erst nach dem auspacken bemerkt haben), müssen die Tigerstrings entweder ins Nebenhaus getragen oder an den Absender auf dessen Kosten zurückgeschickt werden.

Siehe dazu § 32 Abs. 1 Z 5 KSchG und § 864 Abs. 2 ABGB

Geöffnete Verpackung

Das Öffnen von Verpackungen verpflichtet zum Kauf.

Wieder so eine Falschinformation!
Auch wenn es für einen Geschäftsmann lästig ist, sich mit aufgerissenen Verpackungen herumzuschlagen, kann er einen potenziellen Käufer nicht dazu zwingen, Ware zu bezahlen, nur weil er sich diese einmal ohne Plastik oder Karton rundherum anschauen wollte.

Anderseits muss man für eventuell entstandene Schäden haften, wenn man eine Ware ausgepackt hat.
In der Theorie sieht das so aus: Reißt man einen Karton ohne Rücksicht auf Verluste auf, wird man die neue Verpackung oder zumindest den Klebestreifen für die „Reparatur" bezahlen müssen. Sollte die Ware ohne intakte Verpackung nicht mehr zum vollen Preis verkäuflich sein, darf der Verkäufer den Differenzbetrag verlangen.
Nur in Ausnahmefällen kann Ware nicht mehr verkauft werden, ist sie einmal hüllenlos. Das trifft in erster Linie auf Lebensmittel zu, vor allem dann wenn der Inhalt verkostet wurde. In diesem Fall ist der Auspackende verpflichtet, die Ware zu kaufen (mit nach Hause nehmen muss er sie aber trotzdem nicht). Das bloße Antatschen unverpackter Lebensmittel verpflichtet nicht zum Erwerb derselben (außer vielleicht, man bohrt seinen Fingernagel einen Zentimeter tief in das Fruchtfleisch der Nektarine um zu testen, ob sie auch schön saftig ist). Es besteht übrigens auch kein Kaufzwang für durchgeblätterte Zeitungen oder Bücher, denn hier wurde weder etwas beschädigt (außer man hat Seiten zerrissen) noch der Inhalt verringert (Texte kann man schließlich nicht weglesen).

Siehe dazu § 933a ABGB

Originalverpackung

Beschädigte Ware kann ich nur in der Originalverpackung reklamieren.

Es wäre eine Studie wert, in wie vielen Haushalten Österreichs sich Kartons von diversen Geräten wie Computer, DVD-Player oder Kaffeemaschine stapeln, weil deren Besitzer meinen, sie müssten die Verpackung aufheben bis zum Sankt Nimmerleinstag (oder zumindest so lang, bis das Gerät dem Sperrmüll zugeführt wird).

Ursprung dieser ungewollten Messie-Aktion dürfte die einmalige Aussage eines Verkäufers gewesen sein, der behauptete, dass ein Umtausch mangelhafter Ware nur mit Originalverpackung möglich sei. So wie ein anderer wiederum einen Ersatz nur mit Vorlage des Kassenbons versprechen konnte, weswegen sich diverse mehr oder weniger zerknüllte Zettelchen in Handtaschen, Geldbörsen oder Schubladen häufen. Das hat die Runde gemacht, und seither traut sich die Mehrheit der Konsumenten nicht mehr, Schachteln und Kassenbelege wegzuwerfen.

Sie können in den nächsten Tagen ohne Bedenken entrümpeln, denn ein Käufer hat immer Anspruch auf Umtausch oder Reparatur defekter Ware (Gewährleistungsanspruch). Allerdings darf kein Zweifel daran bestehen, dass die Ware tatsächlich im jeweiligen Geschäft gekauft wurde, weshalb es sich natürlich empfiehlt, die Rechnung trotzdem aufzubewahren.

Übrigens: Auch Produkte, die mit Preisnachlass erworben wurden, oder solche, die bereits in Gebrauch waren, müssen, wenn sie beim Kauf bereits schadhaft sind, vom Verkäufer zurückgenommen werden. Dasselbe gilt auch für bereits zusammengebaute Möbelstücke (wenn zum Beispiel der Schrank „Blöpdöng" nach dem Aufstellen merklich windschief an der Wand lehnt, obwohl bei der Montage weder ein Brett vergessen wurde, noch der Boden uneben ist, können Sie „Blöpdöng" ruhigen Gewissens wieder abbauen, zurückbringen und Ersatz verlangen).

Anders als bei der Gewährleistung, die gesetzlich geregelt ist, sieht es bei der Garantie aus. Diese ist eine freiwillige Leistung des Herstellers, und somit darf dieser daran auch Bedingungen knüpfen.

Siehe dazu §§ 8 ff KSchG und Begriff „Beweislastumkehr", S 188

Umtauschrecht

Ich habe das Recht, das Kleid, das ich in einem Anfall von Eitelkeit eine Nummer zu klein gekauft habe, umzutauschen.

Auch wenn Ihnen weder das Kleid, noch die Regelung passt: Es existiert kein gesetzliches Recht auf Umtausch!
Natürlich sind die meisten Unternehmen so kulant, einen Umtausch zu gewähren, um die Kundenzufriedenheit zu sichern (was man sich beim Kauf einer Ware auf dem Kassenzettel vermerken lassen sollte, inklusive der Umtauschfrist, damit es hinterher keine Probleme gibt). In den seltensten Fällen jedoch erhält man sein Geld zurück, meistens muss man sich mit einem neuen Produkt oder einer Gutschrift zufrieden geben. Haben Sie einen Gutschein erhalten, ist dieser, wenn nicht anders vermerkt, 30 Jahre lang gültig und kann nicht bar ab-, dafür aber von jedermann eingelöst werden. Geht das Unternehmen Pleite, verliert der Gutschein seine Gültigkeit und wird wertlos.

Preiskennzeichnung

Ist eine Ware mit einem Preis gekennzeichnet, so gilt dieser auch als verbindlich.

Auch ein Verkäufer oder eine Etikettiermaschine darf irren!
Konsumenten haben keinen Anspruch darauf, ein Produkt tatsächlich um den angeschriebenen Preis zu erhalten, da sich das Unternehmen auf den Irrtum berufen kann.
Kommt es hart auf hart, weil sich Elfriede S. zum Beispiel nicht damit abfinden will, dass die pinkfarbene Sommerbluse, die perfekt zu ihrem gebräunten Teint passen würde, statt 19,90 nun 29,90 kosten soll, hätte das schlimmstenfalls wegen des Verstoßes gegen die Preis-

auszeichnungsvorschriften eine Verwaltungsstrafe für das Unternehmen zur Folge. Kommt hingegen in ein und demselben Laden ein solcher „Irrtum“ immer wieder vor, sollte man das melden, da dann geprüft werden müsste, ob ein Verstoß gegen das Gesetz gegen den unlauteren Wettbewerb vorliegt.
Es gibt aber auch Fälle, in welchen der ausgeschriebene Preis bindend ist: Steht zum Beispiel auf einer Anzeigetafel bei der Einfahrt zu einer Tankstelle ein bestimmter Benzinpreis, gilt dieser auch, da er das Angebot zur Vertragsannahme darstellt, welches mit dem Betanken des Fahrzeuges angenommen wird. Hier wird das Geschäft also nicht beim Bezahlen, sondern schon beim Tanken abgeschlossen, und ein eventueller Irrtum geht zu Lasten des Unternehmers (außer er wäre klar ersichtlich gewesen und hätte dem Kunden auffallen müssen – wenn zum Beispiel eine Kommastelle falsch gesetzt wurde).
Und ein wenig schwierig wäre es auch, das Benzin zurückzugeben, möchte man den höheren Preis dann nicht bezahlen.

Siehe dazu § 1 UWG und § 15 Abs. 1 PrAG (Preisauszeichnungsgesetz)

Vertragsunterzeichnung

Ich muss einen Vertrag mit meinem richtigen Namen unterschreiben.

Wenn Ihnen gerade der Schalk im Nacken sitzt, Sie Ihre Frau ärgern und Ihre Tochter zum Kichern bringen wollen, oder wenn Sie sich einfach gerade danach fühlen, dürfen Sie auch zum Beispiel mit „Superman“ unterzeichnen.
Ausschlaggebend ist, dass jeder Vertrag bindend ist, egal ob mündlich, schriftlich, stillschweigend oder eben mit falschen Angaben abgeschlossen. Es gibt nur wenige Ausnahmefälle, wie etwa das Rücktrittsrecht bei Haustürgeschäften.

Zur Vermeidung von Beweisproblemen empfiehlt es sich natürlich, wichtige Verträge schriftlich zu fixieren, das dann allerdings auch mit korrekten Angaben zur Person.

Siehe dazu §§ 861 ff ABGB

Raubkopie

Das Kopieren von CDs, DVDs und anderen Datenträgern ist kriminell.

„Raubkopierer sind Verbrecher" wird uns in Österreich seit einiger Zeit von Kampagnen der Musik- und Filmindustrie eingetrichtert. Bei Raubkopien (eigentlich sollte es „Schwarzkopien" heißen, da hier nichts mittels Gewalt oder körperlicher Bedrohung entwendet wird, womit der Tatbestand des Raubes juristisch gesehen nicht erfüllt ist) handelt es sich um rechtswidrig in größeren Mengen hergestellte oder verbreitete Vervielfältigungen von Musiktiteln oder Filmen.

Um den raubkopierenden Massen Einhalt zu gebieten und wirtschaftliche Verluste abzuwenden, sind mittlerweile hohe Strafen auf diese Art des Diebstahls ausgesetzt. Verunsichert und ängstlich sitzt seitdem so mancher sonst gesetzestreue Bürger hin und wieder in seinem verdunkelten Zimmer vor dem PC und flüstert seinem Computer zu: „Pst, nicht so laut, man könnte uns hören", während er nervös die neu erstandene CD seiner Lieblingsband für seine Freundin brennt. *Eine* Vervielfältigung zum eigenen Gebrauch, oder die unentgeltliche Herstellung *einer* Kopie zum Gebrauch eines anderen ist nicht strafbar (obwohl es wiederum auch nicht ausdrücklich erlaubt ist), wenn das Original ohne Urheberrechtsverletzung hergestellt wurde, sprich, wenn man die CD im Geschäft legal erworben hat.

Siehe dazu §§ 42 und 91 Abs. 1 UrhG

Verpfuschtes Essen

Wenn mir das Essen im Restaurant nicht schmeckt, muss ich es auch nicht bezahlen.

Wenn Sie beim Italiener vor einer Cardinale sitzen und der Meinung sind, dass jede Tiefkühlpizza besser schmeckt als das Teil auf Ihrem Teller, haben Sie Pech gehabt. Hat Papa Peppino einen schlechten Tag und wenig Geld in der Kasse, kann er Sie für die Cardinale bezahlen lassen, ob Sie diese dann aufessen oder nicht.
Hat aber der bei Papa Peppino angestellte Pizzabäcker einen schlechten Tag und liegt vor Ihnen eine Teigflade mit schwarzem, blasenwerfendem Rand, müssen Sie das nicht akzeptieren. Dasselbe gilt für Mengenangaben: Wiegt das Steak beim Servieren nicht, wie auf der Speisekarte angegeben, 250 Gramm, kann Sie keiner zwingen, es zu essen oder zu bezahlen. Selbstverständlich müssen Sie beweisen können, dass das Stück Fleisch leichter ist als versprochen. Wie, ist Ihr Problem.
Übrigens: Wenn Sie in einem Restaurant einen Tisch bestellen und dann einfach nicht erscheinen, könnte es sein, dass Sie der Wirt auf Schadenersatz wegen Verdienstentgang klagt (was in der Praxis aber wahrscheinlich nicht vorkommen wird, da der Kläger den Verdienst-

entgang beziffern müsste. Und woher will der Wirt wissen, was Sie zu konsumieren vorgehabt hätten?).

Siehe dazu §§ 918, 923 und 1295 ABGB

Esoterische Dienstleistungen

Auch für esoterische Dienstleistungen muss man bezahlen.

Das steht in den Sternen!
Es kommt nämlich schlicht und ergreifend darauf an, wie diese Leistung aussieht.
Beispiel A: Sabine und Doris marschieren gutgelaunt und übermütig gestimmt durch den Wiener Prater, als sie von einer zierlichen Dame namens Suleika angesprochen werden, die den beiden jungen Frauen die Zukunft voraussagen möchte. Kichernd folgen Sabine und Doris der mit deutlichem Rechtsdrall vorauseilenden Wahrsagerin zu ihrer Bude. Dort angekommen verschwindet Suleika beinahe vollständig hinter ihrer schmutzig-schmierigen Glaskugel, während davor die beiden Freundinnen auf zwei wackligen Stühlen Platz nehmen. Zwanzig Minuten und drei weiße Spritzer, die Suleika offensichtlich für ihre Spiritualität benötigt, später, weiß Doris, dass sie innerhalb der nächsten Monate ihrem Traummann begegnen wird, und Sabine darf sich auf eine kleine Geldsumme freuen, die sie spätestens Ende des Jahres erhalten wird. Hier wird das Honorar, wenn es nicht unverschämt hoch ist, an Suleika zu bezahlen sein, da die beiden Freundinnen keine seriöse Leistung erwarten konnten und sich trotzdem darauf eingelassen haben.
Beispiel B: Sascha hat Liebeskummer, seine Verlobte hat ihm den Laufpass gegeben. Seine Mutter händigt ihm die Adresse einer „echten“ Hexe aus, die angeblich für jedes Problemchen ein Mittelchen

hat. Der junge Mann lässt sich von Madame Sarina ein Wässerchen brauen, das er ab sofort sieben Tage lang jede Nacht punkt 24 Uhr mit den Fingern der linken Hand, an dem er immer noch den Verlobungsring trägt, in alle vier Himmelsrichtungen spritzen soll, während er die Worte spricht „Oh du mein Sonnenschein, in einer Woche bist du mein!" Sascha bezahlt 700 Euro, stellt sich folgsam jede Nacht auf seinen Balkon und schleudert Wassertropfen durch die Gegend und sagt dazu brav sein Sprüchlein auf. Eine Woche später erfährt er, dass seine ehemalige Verlobte jetzt mit seinem besten Freund zusammen ist, ihn, Sascha, grüßt sie nicht einmal mehr, wenn sie ihn sieht. Hier kann die Summe über 700 Euro zurückverlangt, notfalls auch eingeklagt werden, da es sich eindeutig um Betrug und/oder Wucher – allerdings natürlich auch um Dummheit seitens des jungen Mannes – handelt.

Siehe dazu §§ 879 Abs. 1 Z 4 und 1295 ABGB, sowie §§ 146 ff StGB

Im Straßenverkehr

Der größte Aberglaube ist der Glaube an die Vorfahrt.
Jacques Tati, franz. Filmschauspieler und Regisseur (1907–1982)

Wer im Verkehr Irrtümern unterliegt, hat entweder neun Monate später ein Baby im Arm oder zahlt viel Geld an unsere Freunde und Helfer.

Kaum sonst wo wird so viel und ausgiebig auf seine Mitmenschen geschimpft, der schlechten Laune freien Lauf gelassen und alles besser gewusst als auf der Straße. Vor allem wenn man mit dem Auto unterwegs ist und sich in Interaktion mit vielen Verkehrsteilnehmern begibt. Es wird geflucht und gemeckert, weil jemand rückwärts ausparkt, ohne zu schauen, oder einem den Vorrang nimmt – alles inklusive individueller Auslegungen der Kennzeichentafeln („Muttis Dümmster" = MD, Bezirk Mödling, Niederösterreich). Die Fehler machen jedenfalls immer die anderen.

Aber auch in den öffentlichen Verkehrsmitteln kann es zu Reibereien kommen, wenn man beim Schwarzfahren erwischt wird und man sich trotzdem keiner Schuld bewusst ist, johlende Kinder keinerlei Rücksicht auf die Kopfschmerzen eines gestressten Managers nehmen oder Frechdachse mit ihren riesigen Taschen Sitzplätze blockieren.

Im Straßenverkehr, wo es immer wieder zu gefährlichen Situationen kommen kann, sollte man, nicht nur anderen Verkehrsteilnehmern zuliebe, sondern auch in Hinsicht auf die eigene Sicherheit, bestens über seine Rechte und Pflichten aufgeklärt sein, denn ein Irrtum kann hier schwerwiegende Folgen haben. In der Straßenbahn hingegen riskiert man höchstens eine saftige Strafe.

Gültigkeit der StVO

Die StVO gilt automatisch auch auf Parkplätzen.

Automatisch gilt sie nur dort, wo öffentlicher Verkehr stattfindet. Das betrifft auch Parkplätze, die privat, aber für Kunden und ihre Autos offen sind (zum Beispiel beim Supermarkt, Fitness-Center etc.). Die StVO gilt hingegen nicht auf mit Schranken und dergleichen gesperrten Autoabstellplätzen bei Firmen oder Vereinen, die ausschließlich den Angestellten oder Mitgliedern zur Verfügung stehen. Jedermann, wie auch zum Beispiel Hans M., der Obmann vom Fliegenzüchterclub, der ein Grundstück nebst großem Gebäude für die Zusammenkünfte der Clubmitglieder erwirbt, kann allerdings jederzeit die StVO als Nutzungsbestimmung für seinen Parkplatz festlegen. Genauso könnte er auch bestimmen, dass nur violette Autos auf seinem Grundstück parken dürfen und diese beim Verlassen des Platzes zuerst drei Mal im Kreis zu fahren haben.
Natürlich müssen die Vorschriften der StVO auf einem Areal, wo sie nicht gelten, auch nicht befolgt werden. Wer also seinem Chef auf dem Firmenparkplatz den Vorrang nimmt, hat nichts zu befürchten. Zumindest nicht verkehrstechnisch. Entsteht aus einer solchen Situation heraus ein Schaden am Fahrzeug, werden die Reparaturkosten in den meisten Fällen zu teilen sein.

Siehe dazu § 1 StVO

Kreisverkehr

Bin ich bereits im Kreisverkehr, habe ich automatisch Vorrang.

Das glauben viele, und dann macht's rumms!
Obwohl die meisten Anlagen so geregelt sind, dass der Kreisfahrer

tatsächlich Vorrang hat, muss er trotzdem auf die entsprechenden Tafeln bei den in den Kreisverkehr einmündenden Straßen achten (steht dort keine Vorrang-Tafel – das auf dem Kopf stehende Dreieck – hat der sich im Kreisverkehr Befindliche, weil von links kommend, Nachrang und muss stehen bleiben).
Auch die Sache mit dem blinken haben viele Verkehrsteilnehmer noch nicht ganz verstanden: Im Kreisverkehr wird immer nur rechts geblinkt, nie links. Beim Verlassen der Anlage muss dieses Vorhaben nämlich durch Setzen des Blinkers signalisiert werden, was aufgrund der Rechtsfahrordnung in Österreich auch nur rechts möglich ist.

Bergfahrt vor Talfahrt

Fahre ich auf einer Straße bergauf und mir kommt bei einer Engstelle ein Fahrzeug entgegen, muss der andere ausweichen und zurückschieben.

Die Regel „Bergfahrt vor Talfahrt" gibt es nicht!
Erstens müsste dann im Gesetz klar definiert sein, ab wann ein Berg ein Berg ist, zweitens ein Verkehrsexperte glaubhaft machen können, dass es gefährlicher ist, auf einer Steigung bergauf rückwärts zu fahren als bergab.
Begegnen einander zwei Fahrzeuge bei einer Engstelle auf einer Bergstraße, gelten dieselben Regeln wie im Flachland: Zuerst muss der halten, auf dessen Seite sich die Behinderung (falls es eine solche gibt) befindet. Ist die Fahrbahn auf beiden Seiten gleichermaßen verengt, hat jener Vorrang, der zuerst an der Engstelle ankommt. Erreichen beide gleichzeitig diesen Punkt, muss man sich's ausmachen – und dann fangen die Probleme oft erst richtig an.
Im Gesetz steht jedenfalls, dass jenes Fahrzeug zurückzufahren hat (am Berg wie im Tal), mit dem dies wegen seiner Art und wegen der örtlichen Verhältnisse leichter möglich ist. Und das ist dann eben

manchmal Auslegungssache. Allerdings darf, nach bereits erfolgter Rechtsprechung, der Bergauffahrende vom Bergabfahrenden erwarten, dass Letzterer weitestgehend Rücksicht nimmt.

Siehe dazu § 10 Abs. 2 StVO

Blinken auf Vorrangstraßen

Auf Vorrangstraßen muss nicht geblinkt werden.

Selbstverständlich muss geblinkt werden!
Vorrangstraßen mit besonderem Verlauf führen immer wieder zu unklaren Situationen, offensichtlich denken einige Fahrzeuglenker, sie bräuchten dort eine Änderung der Fahrtrichtung nicht anzeigen. Damit würden sie allerdings voraussetzen, dass die nachkommenden Verkehrsteilnehmer hellseherisch veranlagt sind und wissen, ob man gerade weiterfahren oder abbiegen wird.
Jede Änderung der Fahrtrichtung und jeder Wechsel des Fahrstreifens muss rechtzeitig durch Blinken angezeigt werden, sodass sich andere Straßenbenützer darauf einstellen können.

Siehe dazu § 11 StVO

Mindestgeschwindigkeit

Niemand kann mich zwingen, schnell zu fahren – eine vorgeschriebene Mindestgeschwindigkeit gibt es schließlich nicht.

Stimmt! Die gibt es nicht!
Trotzdem darf man ohne Vorhandensein von Verkehrsbehinderun-

gen nicht so langsam dahinzuckeln, dass man die nachfolgenden Straßenbenützer in ihrem Fortkommen hindert. Für ein solches Verhalten kann man genauso gestraft werden, wie für zu schnelles Fahren.

Siehe dazu § 20 Abs. 1 StVO

Altersgrenze beim Autofahren

Uralten Autofahrern mit Hut kann man den Führerschein entziehen, wenn sie nicht mehr verkehrstauglich sind.

Nur weil sie sich an die Geschwindigkeitsbeschränkungen halten, bei grün blinkendem Ampellicht stehen bleiben und nach der Rotphase, drei Sekunden zum Anfahren benötigen?
Fakt ist, dass die Verkehrstauglichkeit alle betrifft, ob Jung oder Alt, und dass jedem dieselbe Strafe blüht, der eine Verkehrsregel übertritt. Doch es gibt Hoffnung! Wenn Sie vor Nervosität an Ihren Nägeln zu kauen beginnen oder vor Angst jedes Mal auf der Beifahrerseite mitbremsen, wenn Sie neben Ihrem Opa (mit Hut) im Auto sitzen: Spätestens an seinem 118. Geburtstag hat Ihre Qual ein Ende. Die Lenkerberechtigung erlischt nämlich unter anderem 100 Jahre nach Erteilung.

Siehe dazu § 27 FSG (Führerscheingesetz) – Hüte werden in diesem Abschnitt allerdings nicht erwähnt.

Auffahrunfall

Bei einem Auffahrunfall ist immer der Hintere schuld.

Fast immer, aber eben nicht immer!
Ein Autofahrer darf nämlich nicht ohne Grund einfach eine Vollbremsung hinlegen (zum Leidwesen aller Tierfreunde ist auch ein kleines Tier, wie zum Beispiel ein Igel, kein „Grund").
Bremst der Vordermann plötzlich ab, ohne dass für andere Verkehrsteilnehmer ersichtlich wäre, warum er das tut (wenn keine verkehrsbedingte Notwendigkeit dazu besteht), wird ihn bei einem Auffahrunfall zumindest eine Mitschuld treffen und er einen Teil der Kosten für den entstandenen Schaden übernehmen müssen.
Und dann gibt es schließlich auch noch die Spezies Autofahrer, die meinen, sie müssten andere Verkehrsteilnehmer erziehen, indem sie abrupt und grundlos auf die Bremse treten, wenn sie sich vom Hintermann ge- oder bedrängt fühlen. Auch hier wird den „Erzieher" eine Teilschuld treffen, wenn der „Drängler" im Rahmen der Erziehungsmaßnahme nicht mehr rechtzeitig bremsen kann. Außerdem kann sich der Vordermann damit des Straftatbestands der Nötigung schuldig machen *(§ 105 StGB).*
Ein weiteres Beispiel wäre das Einfädeln von der Autobahnauffahrt kommend direkt auf die Überholspur. Knallt ein Fahrzeug dem „Einfädler" hinten drauf, ist er in diesem Fall nicht allein dafür verantwortlich, außer er hätte durch Reduktion der Geschwindigkeit beim ersten Wahrnehmen die Kollision verhindern können. Generell ist dazu natürlich zu sagen, dass jeder Autofahrer immer so viel Abstand zu halten hat, dass jederzeit ein unfallfreies Anhalten möglich ist.

Siehe dazu § 21 StVO

Einsatzfahrzeuge

Für Einsatzfahrzeuge muss ich den Weg nur freimachen, wenn sie das blaue Licht und die Sirene eingeschaltet haben.

So ist es in Deutschland (Wegerecht)!
In Österreich gilt: Alle Straßenbenützer haben einem herannahenden Einsatzfahrzeug Platz zu machen. Als solches gilt es dann, wenn zumindest eines der Signale, das Blaulicht oder das Folgetonhorn, verwendet wird. Kein Lenker eines anderen Fahrzeuges darf unmittelbar hinter einem Einsatzfahrzeug nach- oder vor ihm in eine Kreuzung einfahren. Rettungsfahrzeuge haben nicht nur gegenüber „normalen" Verkehrsteilnehmern Vorrang, auch andere Einsatzfahrzeuge müssen für sie ausweichen.

Siehe dazu § 26 StVO

Sperrlinie

Eine durchgezogene Linie auf der Straße bedeutet Überholverbot.

Absolut nicht!
Ein Überholverbot wird ausschließlich durch das entsprechende Verkehrsschild angezeigt, nicht durch Linien auf einer Straße. Einige Autofahrer zuckeln dann hinter einem Schneckentempofahrer her und warten auf die gestrichelte Version der Linie.
Die durchgezogene Linie (Sperrlinie) bedeutet nur, dass sie nicht überfahren werden darf (was auf schmalen Straßen natürlich einem Überholverbot gleichkommt). Ist die Fahrbahn aber breit genug, kann man jederzeit vorfahren.

Siehe dazu §§ 9 und 15 f StVO

Sandalen auf dem Pedal

Beim Autofahren muss ich geeignete Schuhe tragen.

Das ist sicher sinnvoll (vor allem wenn Sie der Fahrer sind)!
Aber es besteht keine Verpflichtung dazu (Sie können auch barfüßig auf die Pedale treten, wenn es Ihnen Spaß macht), vor allem weil der Gesetzgeber dann erst einmal verankern müsste, was „geeignet" in diesem Fall bedeuten würde.
Aber er geht davon aus, dass jedem selbst klar ist, wie gefährlich es sein kann, mit Flip Flops, Stöckelschuhen oder Schischuhen Auto zu fahren und überträgt damit die Verantwortung jedem Einzelnen, der wissen sollte, wie er sein Fahrzeug am besten und sichersten beherrscht *(§ 58 StVO).*
Es gilt jedenfalls zu beachten: Geldstrafen und rechtliche Konsequenzen sind möglich, wenn ein Unfall durch ungeeignetes Schuhwerk mit verursacht worden ist. Allerdings kommt es immer auf den Einzelfall an, und begutachtet werden nicht allein die Schuhe des Unfalllenkers, auch die Geschwindigkeit und die Straßenverhältnisse spielen eine Rolle.
Wird allerdings eine grobe Fahrlässigkeit durch das Fahren mit ungeeignetem Schuhwerk festgestellt, das heißt, wenn die Bedienung von Gas- und Bremspedal so unsachgemäß ist, dass der Eintritt eines Schadens nicht nur möglich, sondern wahrscheinlich ist, zahlt auch die Versicherung keinen Cent.

Siehe dazu § 61 VersVG (Versicherungsvertragsgesetz)

Fahrerflucht

Wenn ich beim Ausparken einen Schaden an einem anderen PKW verursacht habe, reicht es, einen Zettel mit meiner Adresse am betroffenen Auto zu hinterlassen.

Tut es nicht!
Seine Personalien zu hinterlassen, nachdem Sie eine Delle in das Auto auf dem Nebenparkplatz gefahren haben, ist ein Akt der Fairness. Der Fahrer sollte sofort, wenn er zu seinem Fahrzeug zurückkommt, darauf hingewiesen werden, dass ein Schaden an seinem Fahrzeug entstanden ist (eventuell würde er ihn sonst erst viel später bemerken). Er sollte auch darüber informiert sein, wem er diesen zu verdanken hat. Zusätzlich muss aber der Verursacher nach einem Parkunfall in jedem Fall sofort die Polizei verständigen und sein Missgeschick melden. Bei Unterlassen einer Selbstanzeige droht eine Strafe wegen „Fahrerflucht".

Siehe dazu § 4 StVO

Gurtpflicht

Jeder Lenker eines PKW muss einen Gurt anlegen.

Nicht jeder!
Taxifahrer zum Beispiel müssen sich nicht angurten, wenn sie einen Fahrgast befördern. Das hat einen einfachen Grund: Wird der Kunde nämlich nach Beendigung der Fahrt dreist und hüpft ohne zu bezahlen aus dem Auto, muss auch der Taxler ungebremst aus dem Fahrzeug springen und die Verfolgung aufnehmen können.
Oder aber die gefährliche Variante: Bei einer nächtlichen Beförde-

rung zückt der Kunde, am Ziel angekommen, plötzlich ein Messer, weil er die Tageseinnahmen des Fahrers im Casino verprassen will. Auch hier ist es sicher sinnvoll, wenn man, ohne erst am Gurt rumfummeln zu müssen, aus dem Auto hechten kann.

Siehe dazu § 106 Abs. 2 Z 4 KFG (Kraftfahrgesetz)

Betrunken im Auto

Steige ich betrunken ins Auto, um dort bloß Musik zu hören, aber nicht loszufahren, kann mir nichts passieren.

Doch, je nach Promille im Blut kann Ihnen sogar der Führerschein entzogen werden!
Denn bereits das Umdrehen des Schlüssels im Zündschloss gilt zumindest als versuchte Inbetriebnahme des Autos. Als vollendete Inbetriebnahme gilt, wenn der Motor gestartet wird, um zum Beispiel die Heizung laufen zu lassen oder die Scheibenwischanlage einzuschalten, auch ohne das Fahrzeug in Bewegung setzen zu wollen. Beobachtet also ein Freund und Helfer der Exekutive die Aktion und glaubt Ihnen nicht, dass Sie gar nicht wegfahren wollten, wird das Zurückziehen in die vier Autowände Konsequenzen haben. In dem Moment darf er auch Zwangsmaßnahmen setzen, wie etwa Abnahme der Fahrzeugschlüssel, Absperren oder Einstellung des Fahrzeuges, Anlegen von technischen Sperren und dergleichen. Eine Festnahme zum Zweck der Ausnüchterung ist allerdings nicht zulässig.
Auf einem Privatgrundstück, auf dem die StVO nicht gilt, ist es natürlich erlaubt, betrunken im Auto Radio zu hören, da dürfen Sie sogar mit dem Fahrzeug auf und ab fahren, wenn Ihnen nichts Besseres einfällt (zum Beispiel nach einem Streit mit der besseren Hälfte). Einen Personenschaden sollten Sie dabei aber keinesfalls verursachen

(und wenn Sie noch so sauer auf Ihren Partner sind), denn das könnte mitunter sogar eine Haftstrafe zur Folge haben – Privatgrundstück hin oder her.
Was Sie alkoholisiert noch nicht dürfen (zum Beispiel Ihr Auto mit offener Türe schieben, da hier ein Lenken des Fahrzeuges vorliegt): *http://www.promille.at.*

Siehe dazu §§ 5b Abs. 1, sowie 99 Abs. 1 Z a, Abs. 1a f
und *Abs. 5 StVO*

Alkomattest

Auf meinem Privatgrundstück darf mich die Polizei nicht zum Alkomattest auffordern.

Doch, darf sie!
Wenn Sie Mitverursacher eines Unfalles gewesen sind, können Sie sogar noch Stunden nach Fahrtende zum Alkotest aufgefordert werden – auch ohne Verdacht auf Alkoholisierung und auch dann, wenn Sie gar kein Fahrzeug gelenkt haben (der Verdacht, dass es so gewesen sein könnte, reicht aus). Fußgänger können ebenfalls getestet werden. Auch wenn man den Vortest verweigern kann, ist der Alkomattest verpflichtend. Dem muss man in jedem Fall zustimmen, auch wenn man beispielsweise erst nach dem Fahren Alkohol getrunken hat (jedoch der Verdacht besteht, dass sie bereits im Auto zu viel intus hatten, weil sie beispielsweise extrem langsam unterwegs waren. Dann ist die Verweigerung des Vortestes noch im Lauf der Fahrt natürlich ungeschickt, wenn Sie wirklich erst danach gebiberlt haben). Jede Alkomattestverweigerung hat übrigens dieselben rechtlichen Folgen wie das Lenken eines Fahrzeuges mit 1,6 Promille Blutalkohol, also mindestens vier Monate Lenkerberechtigungsentzug.

Wenn aus medizinischen Gründen (zum Beispiel bei Asthma) kein Test durchgeführt werden kann und der Verdacht einer Alkoholisierung besteht, ist eine Blutabnahme durch einen Arzt vorzunehmen. Eine Weigerung hat die gleichen Konsequenzen wie die Verweigerung eines Alkomattests.

Siehe dazu §§ 5 und 99 Abs. 1 Z b f StVO

Ein weiterer Irrtum:
Bei bewusstlosen Personen darf keine Blutabnahme durchgeführt werden.

O doch! Laut der neuen StPO *(§ 123 Abs. 4)* ist dies zulässig, wenn eine Person verdächtigt wird, betrunken eine schwere Straftat begangen zu haben, oder wenn die körperliche Untersuchung zur Aufklärung einer mit mehr als fünf Jahren Freiheitsentzug bedrohten Straftat erforderlich ist.

Einen hab' ich noch:
Koffein senkt den Alkoholspiegel.

O nein! Haben Sie in der Nacht zu tief ins Glas geschaut, nützt der stärkste Kaffee nichts, um Promille abzubauen. Der Körper hat seine eigene Geschwindigkeit (etwa 0,1 Promille pro Stunde), und diese kann man nicht beschleunigen – was Sie bedenken sollten, bevor Sie sich wieder hinter das Steuer Ihres Fahrzeugs setzen. Egal mit welchen Hausmittelchen Sie den Kater bekämpfen wollen: Der Restalkohol wird messbar bleiben!

Betrunken im Verkehr

Nur jenen Autolenkern wird der Führerschein entzogen, wenn sie betrunken fahren.

Verkehrsteilnehmer dürfen generell nicht alkoholisiert sein.
„Schatz, ich lass' das Auto da und nehm' das Rad. Der Gustl feiert heut' Geburtstag, und da wird sicher einiges getrunken". Viele wähnen sich in trügerischer Sicherheit, wenn sie sich nach ein paar weinseligen Stunden, den Erzherzog Johann Jodler lallend, auf ihren Drahtesel schwingen. Doch kommt Ihnen in diesem Zustand ein Polizist in die Quere, der Sie aufgrund Ihrer Schlangenlinienfahrt aufhält, darf er Sie zum Ins-Röhrchen-Blasen auffordern. Haben Sie als Radfahrer mehr als 0,8 Promille im Blut, droht eine Geldstrafe – die durchaus empfindlich hoch werden kann, wenn man sehr tief ins Glas geschaut hat. Ab 1,6 Promille werden bis zu 5.800 Euro kassiert, die auch fällig sind, wenn der Radler den Alkomattest verweigert. Bei Wiederholungstätern droht sogar der Entzug des Führerscheins, da eine Alkoholsucht mit Auswirkungen beim Lenken eines Autos befürchtet wird und somit Verkehrsunzuverlässigkeit im Sinne des FSG *(§ 7 Abs. 1 Z 1)* vorliegt.
Wer also sehr stark vom Alkohol beeinträchtigt ist, sollte sein Fahrrad schieben, denn dann gilt man als Fußgänger. Und die können nur zur Verantwortung gezogen werden, wenn sie betrunken einen Unfall verursachen (ebenso wie zum Beispiel Schifahrer).

Unfall mit Fußgängern

Passiert ein Unfall mit einem Fußgänger, ist immer der Autofahrer schuld.

Eine Mitschuld des Fußgängers ist nicht ausgeschlossen!
Denn auch ein Verkehrsteilnehmer, der statt auf zwei oder vier Rädern auf zwei Beinen unterwegs ist, muss sich an die Vorschriften halten und Rücksicht auf andere nehmen, auch wenn diese motorisiert und damit „stärker" sind. Egal ob auf einem Zebrastreifen oder nicht, beim Überqueren der Straße hat sich ein Fußgänger immer zu vergewissern, dass das Betreten der Fahrbahn gefahrlos möglich ist. Er hat außerdem den kürzesten Weg über die Straße zu wählen und sollte zügig von einer Seite zur anderen marschieren. Selbstverständlich hat jeder Autofahrer die Pflicht, auf Fußgänger zu achten, da sie nun einmal das schwächste Glied in der Verkehrsteilnehmerkette sind. Unberechenbar sind Kinder (Ausnahme vom Vertrauensgrundsatz), die aus Übermut durchaus manchmal ohne Rücksicht vor einem herannahenden Auto auf den Zebrastreifen hüpfen, um schnell über die Straße zu laufen. Langsam hingegen sind naturgemäß ältere Menschen, die einfach nicht mehr so schnell zu Fuß unterwegs sind. Oder pubertierende Provokateure. Hier heißt es: ein Auge zudrücken (beim Weiterfahren bitte wieder aufmachen) und abwarten.

Siehe dazu §§ 3 und 76 StVO

Rad fahrendes Kind

Unser Kind radelt auf dem Gehsteig, wir Erwachsenen daneben auf der Fahrbahn.

Nur ein Kinderfahrrad hat etwas auf dem Gehweg verloren!
Für größere Fahrräder, die schneller als Schritttempo fahren und

deren Räder mehr als 30 Zentimeter Durchmesser aufweisen, gilt: ab auf die Straße (oder auf den Radweg). Kinder unter 12 Jahren dürfen dort freilich nur in Begleitung einer über 16-jährigen Person fahren, ab zehn Jahren nur mit Radfahrausweis, dann auch ohne Begleitung. Auf der Straße nebeneinander geradelt werden darf nur beim Training für einen sportlichen Wettkampf oder auf dem Radweg.

Siehe dazu §§ 2 Abs. 1 Z 19, 65 – 69 und 76 Abs. 10 StVO

Erste Hilfe

Wenn ich keine Ahnung von erster Hilfe habe, ist es besser, nicht Hand an den Verletzten zu legen.

Das kommt auf die Umstände an!
Im Prinzip haben nicht nur die an einem Unfall beteiligten Personen, sondern auch Zeugen die Pflicht, erste Hilfe zu leisten. Denn an einem Unfallort darf man nur dann vorbeifahren – und das sollte man nicht gaffend im Schritttempo tun – wenn man sieht, dass keine Hilfe mehr erforderlich ist.
Das Rote Kreuz geht davon aus, dass nur zehn Prozent der Österreicher auf der Straße stehen bleiben, um jemand anderem zu helfen. Obwohl kein Fall bekannt ist, wo ein Ersthelfer den Tod eines Verletzten direkt verursacht hat, scheuen sich viele Menschen, selbst Hand anzulegen. Hat man keine Erfahrung mit der Erstversorgung, muss man zumindest versuchen, Hilfe herbei zu holen. Gelingt dies nicht, muss man selbst im Rahmen seiner Möglichkeiten und Erfahrungen tätig werden (zum Beispiel einen Verband anlegen). Natürlich sollte niemand Onkel Doktor spielen, für gezielte medizinische Maßnahmen sind Fachkräfte zuständig.
Jeder sollte sich bewusst sein, dass Fehler passieren können, gerade in Stress- und Angstsituationen. Doch solche Missgeschicke, sollten sie

tatsächlich ursächlich zum Tod eines Verletzten führen, werden nicht bestraft. Unterlassene Hilfeleistung hingegen schon!

Siehe dazu §§ 94 f StGB und § 4 Abs. 2 StVO

Außerdem *http://www.roteskreuz.at* → *Kurse, Aus- und Weiterbildung* → *Erste Hilfe*

Tiere auf der Straße

Jeder darf Tiere eine Straße entlang treiben.

Nicht jeder!
Viehtreiber müssen im Hinblick auf die Anzahl und die Art der Tiere körperlich und geistig in der Lage dazu sein, diese an einer Fahrbahn entlang zu führen.
Einem Kind wird man daher kaum erlauben, mit Rindern spazieren zu gehen, womit die Idylle mit der kleinen Lolli Fantasie bleibt, die in ihrem roten-weiß-gepunkteten Kleidchen mit ihren drei besten Freundinnen, den Kühen Emma, Dorothea und Frida die Straße entlang hüpft und ein fröhliches Liedchen trällert.

Siehe dazu § 80 StVO

Regeln für Schienenfahrzeuge

Für Schienenfahrzeuge gelten dieselben Verkehrsregeln wie für Autos.

Ein paar Privilegien genießen sie durchaus: Die Führer von Schienenfahrzeugen sind von der Einhaltung der straßenpolizeilichen Vorschriften insoweit befreit, als die Befolgung dieser Vorschriften wegen der Bindung an Gleise nicht möglich ist. Außerdem haben Schienenfahrzeuge auch Linksvorrang und sind nicht verpflichtet, vor Zebrastreifen anzuhalten.

Siehe dazu §§ 9 Abs. 2, 19 Abs. 1 und 28 Abs. 1 StVO

Schwarzfahren

Schwarzfahren ist strafbar.

Nur wenn eine Täuschung vorliegt!
Den Begriff „Schwarzfahren" gibt es im Gesetz nicht, dieser Tatbestand nennt sich „Erschleichung einer Leistung". So gesehen ist auch nur diese Erschleichung strafbar, sofern damit eine Täuschung über Tatsachen erfolgt, die still und heimlich passiert.
Zieht sich Tom K. aber ganz provokant ein T-Shirt an mit der Aufschrift „Ich bin Schwarzfahrer" und steigt damit in ein öffentliches Verkehrsmittel ein, kann hier nicht von einer Erschleichung die Rede sein. Somit muss Tom K., wenn er erwischt wird, zwar den aufgrund der Beförderungsbestimmungen erhöhten Tarif, aber keine zusätzliche Strafe bezahlen. Ebenso wäre es möglich, in die Bahn einzusteigen und laut zu den Mitfahrern zu sagen: „Ich fahre jetzt schwarz!" Hat niemand etwas dagegen, wird das eine Gratisfahrt. Dabei ist von dem Versuch abzuraten, auf diese Weise Geld zu sparen, weil die Probleme und Schwierigkeiten beim Aufklären des Umstandes mit Sicherheit erst hier beginnen und möglicherweise sogar vor Gericht enden.
Kontrolleure dürfen einen Schwarzfahrer festhalten, der die Absicht hatte, sich die Beförderungsleistung zu erschleichen *(privates Anhalterecht, § 86 StPO)*, bis die Identität festgestellt werden kann, oder bei Weigerung die Daten herauszugeben, bis die Polizei eintrifft. Dasselbe gilt übrigens auch für Kaufhausdetektive: Sie dürfen eine

verdächtige Person anhalten und um die persönlichen Daten bitten, bei Verweigerung auch die Polizei rufen. Sie sind aber zum Beispiel nicht berechtigt, jemanden ohne seine Einwilligung zu durchsuchen.

Siehe dazu §§ 30 Abs. 3 und 47 Abs. 1 EisbG (Eisenbahngesetz), § 149 Abs. 1 StGB, sowie § 344 ABGB

Essen in Öffis

Der Aufkleber mit dem durchgestrichenen Imbiss in den Öffis bedeutet, dass ich dort nicht essen darf.

Packen Sie Ihre Wurstsemmel ruhig aus!
Natürlich dürfen Sie in der Bahn essen, solang Sie Rücksicht auf die anderen Fahrgäste nehmen (ein Kebab mit viel Zwiebel ist eher eine Zumutung) und nicht übermäßig viel Schmutz hinterlassen (ein paar einzelne Brösel auf dem Boden werden kein Problem sein, mit Ketchup verschmierte Sitzbänke hingegen schon).
Die Verhaltensregeln für öffentliche Verkehrsmittel sind generell sehr allgemein gehalten: Die Fahrgäste haben sich in den Anlagen und den Beförderungsmitteln so zu verhalten, wie es die Sicherheit und Ordnung des Betriebes und die Rücksicht auf andere gebietet. In den Anlagen und Fahrzeugen sind den Fahrgästen alle Handlungen und Tätigkeiten verboten, die andere Personen belästigen oder in ihrer Sicherheit gefährden könnten. Wann eine Belästigung der Fahrgäste im Einzelfall tatsächlich vorliegt, ist aufgrund subjektiver Empfindungen immer schwierig einzuschätzen. In der Praxis ist es natürlich ein handfestes Indiz, wenn beinahe alle Insassen eines Waggons verärgert reagieren und sich beschweren.
Die Bediensteten und Kontrolleure sind jedenfalls angewiesen, nur in gravierenden Fällen entsprechend einzuschreiten, sie dürfen zum

Beispiel eine Reinigungsgebühr bei Verschmutzung verlangen. In Härtefällen, zum Beispiel bei völliger Ignoranz einer Ermahnung können die Sanktionen bis hin zum Ausschluss von der Weiterbeförderung reichen.

Siehe dazu §§ 30 Abs. 1, 46 und 47b EisbG

§ Im Umgang mit der Exekutive

Bestrafe einen, erziehe hundert
Mao Tse Tung, chinesischer Politiker
(1893–1976)

„Gesetze sind da, um sie zu brechen", lautet ein ziemlich provokanter Spruch, der gern von sich wichtig vorkommenden oder noch sehr jungen, unerfahrenen Menschen in den Mund genommen wird. Doch jede Nichtbeachtung, bewusste Umgehung oder der Bruch einer Regel, egal ob im privaten oder im öffentlichen Raum, hat Konsequenzen – wenn man erwischt wird. Schlechte Erfahrungen veranlassen manche Menschen zu der Annahme, dass Justitia blind sei und dass Recht-Haben nicht zwangsläufig auch Recht-Bekommen bedeutet. (Justitia, die römische Göttin der Gerechtigkeit und des Rechtswesens, wird meist tatsächlich mit verbundenen Augen dargestellt, was verdeutlichen soll, dass ein Urteil ohne Ansehen der Person, also ohne äußeren Einfluss, gesprochen zu werden hat),
Doch Recht-Bekommen heißt schließlich nichts anderes als „zu seinem Recht kommen", das wiederum setzt voraus, sein Recht zu kennen und Gesetze richtig interpretieren zu können – ein Irrtum im Strafrecht kann viel Geld oder Zeit, oder beides, kosten.

Durchsuchungsbefehl

Die Polizei braucht, um eine Wohnung durchsuchen zu dürfen, einen Durchsuchungsbefehl.

Nicht unbedingt!
Bei Gefahr im Verzug (siehe Begriff „Gefahr im Verzug", S. 193) dürfen Kriminalbeamte eine Wohnung aufbrechen, und danach durchsuchen so lang sie wollen, auch ohne richterliche Anordnung (das Wort Durchsuchungsbefehl ist übrigens falsch, denn Richter befehlen nie, sie ordnen nur an). Verfolgt die Polizei zum Beispiel einen Mann in Frauenkleidern und Perücke mit einem Sack voll Geld unter dem Arm, das er zehn Minuten zuvor einer zitternden Bankangestellten aus den schweißigen Händen gerissen hat, so kann die Exekutive die Wohnung der Freundin, in die sich der Flüchtende verkrochen hat, auch ohne Zustimmung der Frau und ebenso ohne richterliche Anordnung betreten. Müssten sich die Beamten diese nämlich erst besorgen, kann davon ausgegangen werden, dass der Perückenträger bestimmt nicht mehr vor Ort wäre, sobald die Polizei mit dem „Wisch" antanzen und Einlass in die Wohnung fordern würde.
Die Beamten haben in jedem Fall die Verpflichtung, die Störung auf ein Minimum zu reduzieren und die Eigentums- und Persönlichkeitsrechte der Betroffenen zu wahren, so weit es möglich ist.
Aufräumen müssen sie nach der Durchsuchung aber nicht!

Siehe dazu §§ 120 Abs. 1 und 121 Abs. 3 StPO

Amtshandeln

Ein Polizist kann nur in Uniform amtshandeln.

Das kann und darf er sogar nackt!
Ferdinand M., kein unbeschriebenes Blatt, was Hehlerei betrifft, sitzt in der Sauna und entspannt sich nach einem anstrengenden Arbeitstag. Da betreten zwei Männer die Kabine, legen ihre zuvor um die Hüften gewickelten Handtücher ab und setzen sich, angeregt in ein Gespräch vertieft, auf eine der Bänke. Ferdinand M. bemerkt nicht, wie ihn einer der beiden nachdenklich mustert, als der Mann plötzlich aufspringt und ihn als dringend Tatverdächtigen festnimmt. Der Betroffene lacht und meint: „Na klar, du bist ein Bulle. Beweis das erst mal. Verhaften kannst du mich gar nicht, du bist nicht bekleidet, also bekleidest du im Moment kein öffentliches Amt."
Doch Ferdinand M. irrt. Der Polizeibeamte kann jederzeit eine Festnahme durchführen, solang er sich entweder ausweisen kann, oder eine andere Person (in diesem Fall der zweite Nackedei) bestätigt, dass er Polizist ist.

Beamtenbeleidigung

Beschimpfe ich einen Polizisten, mache ich mich der Beamtenbeleidigung schuldig.

Nur der Beleidigung!
Das Delikt der „Beamtenbeleidigung" gibt es in der österreichischen Rechtsordnung nicht. Es macht keinen Unterschied, ob man den Nachbarn oder einen Uniformierten beschimpft. Freilich reagieren Exekutivbeamte sensibler. Wird ein Polizist zum Beispiel „Volltrottel" genannt, könnte wegen „Anstandsverletzung" eine saftige Geld-

strafe fällig werden, schlimmstenfalls bringt Sie der „Volltrottel" sogar drei Monate ins Gefängnis. Die Beschimpfung gilt aber als entschuldigt, wenn die Entrüstung des ausfällig Werdenden allgemein begreiflich ist.
Übrigens ist es für Exekutivbeamte gar nicht so leicht, eine Privatperson zivilrechtlich wegen einer Beleidigung zu belangen, wenn sie im Rahmen ihres Dienstes gekränkt wurden, da sie zuerst die Erlaubnis der zuständigen Behörde einholen müssen.

Siehe dazu §§ 115 ff StGB und § 81 SPG (Sicherheitspolizeigesetz)

Bürgerbeleidigung

Duzt mich ein Polizist, muss ich das dulden.

Nein!
Leider passiert es hin und wieder, dass sich ein Polizeibeamter im Ton vergreift und einen Verkehrssünder zum Beispiel mit den Worten „Bist du farbenblind, die Ampel war schon rot" stoppt. Doch niemand muss sich ein „Du" gefallen lassen. Polizeibeamte haben alle Menschen, bei denen dies dem üblichen Umgang entspricht oder die es verlangen, mit „Sie" anzusprechen. Sie können jederzeit die Dienstnummer des Cholerikers verlangen, die Ihnen ausgehändigt werden muss, und Ihr Recht auf das „Sie" gegebenenfalls sogar einklagen. Eine Beschwerde ist innerhalb von sechs Wochen schriftlich beim Unabhängigen Verwaltungssenat zu erheben.

Siehe dazu §§ 5 Abs. 2 und 9 RLV (Richtlinienverordnung), § 30 Abs. 1 SPG und § 1 AHG (Amtshaftungsgesetz)

Ausnüchterung

Werde ich betrunken von Polizeibeamten aufgegriffen, stecken die mich womöglich in eine Ausnüchterungszelle.

Ihren Rausch können Sie zu Hause ausschlafen.
Ein Polizist kann Sie nur dann fest- oder mitnehmen, wenn Sie sich strafbar machen. Es wäre also ratsam, einem Polizisten, der Sie freundlich anspricht und fragt, ob er Ihnen helfen kann, nicht schimpfend gegen das Schienbein zu treten, ebenso wenig sollten die liebevoll gepflanzten Pfeffernelken im Stadtpark Ihrer seligen Trunkenheit zum Opfer fallen (die Sie vielleicht Ihrem Partner zur Versöhnung mitbringen wollen).

Siehe dazu §§ 125 und 270 StGB, sowie § 173 StPO

Nur ein Telefonat

Nach einer Festnahme steht dem mutmaßlichen Täter nur ein Telefonanruf zu.

Das ist ein Stilelement in Krimis, sonst nichts!
„Überlegen Sie sich ganz genau, wen Sie kontaktieren, denn Sie haben nur einen Anruf", muffelt da oft ein grimmig dreinblickender Kommissar. Doch was für eine Begründung sollte es dafür geben, dass ein Verhafteter nur genau ein einziges Mal telefonieren darf? Was ist, wenn das Handy der betreffenden Person, die angerufen wurde, ausgeschaltet ist? Ist dann alles aus und vorbei? Nachdem es das Recht jedes einer Straftat Beschuldigten ist, der Vernehmung einen Anwalt

beizuziehen, worauf er auch hingewiesen zu werden hat, muss er diesen natürlich auch anrufen dürfen – und das solang, bis er ihn erreicht.

Siehe dazu § 164 Abs. 1 und 2 StPO

Gefängnisausbruch

Ein Gefängnisausbruch wird nicht bestraft.

Sagen wir einmal so: Es hat, anders als in Deutschland, in Österreich keine strafrechtlichen Konsequenzen!
Jedoch auch nur dann nicht, wenn im Zuge der Flucht keine Sachbeschädigung oder Körperverletzung begangen wird. Wenn sich Richard C., genannt Rico, nun zum Beispiel von seiner Mama einen Kuchen mit inkludierter Säge in die Justizanstalt bringen lässt und damit jede Nacht die Gitterstäbe seiner Zelle bearbeitet bis sie durchbrechen, wird er dafür auch nach *§ 125 StGB (Sachbeschädigung)* bestraft, sobald er wieder eingefangen ist. Mischt Rico C. im Zuge seiner Flucht zum Beispiel einem Strafvollzugsbediensteten Schlaftabletten in den Kaffee, wird er sich der – in diesem Fall sogar schweren – Köperverletzung strafbar machen *(§§ 83 ff StGB)*.
Der Ausbruch aus einer Haftanstalt an sich zieht für den Gefangenen nur eine Ordnungsstrafe nach sich, was unter anderem vier Wochen Hausarrest bedeuten kann (und der muss der eigentlichen Haftzeit nicht angerechnet werden und kann diese verlängern). Die Flucht kann sich auch negativ auf eine vorzeitige Entlassungsmöglichkeit auswirken.
In jedem Fall strafbar machen sich Fluchthelfer.

Siehe dazu § 300 StGB

Volkanwalt

Jetzt reicht es mir mit dem lauten Nachbarn, ich schalte den Volksanwalt ein, damit der mir hilft.

Der Volksanwalt ist bei zivilen Streitereien keine Hilfe!
Die Volksanwaltschaft hat die Aufgabe, behauptete oder vermutete Missstände in der Verwaltung zu prüfen, übt also die öffentliche Kontrolle im Dienste von Rechtsstaat und Demokratie aus. Sie dient der Prüfung mangelhafter Vorgangsweisen von Behörden und nicht von lästigen Nachbarn.

Siehe dazu http://www.volksanwaltschaft.at

Anwalt vor Gericht

Vor Gericht brauche ich einen Anwalt.

Nicht unbedingt!
Wenn zum Beispiel in einem Zivilverfahren beim Bezirksgericht verhandelt wird und der Streitwert 4.000 Euro nicht übersteigt, besteht keine Anwalts- beziehungsweise Verteidigerpflicht. Man kann sich selbst vertreten und auch einen redegewandten Freund oder Angehörigen bitten, dies zu tun. Dabei ist zu beachten, dass diese eventuelle Überschätzung der eigenen oder der Vertrauensperson böse Folgen haben kann, denn Fehler oder Versäumnisse können in der ersten Instanz beim Berufungsgericht nicht berichtigt werden. Ebenso wenig kann man Argumente einfach nachschießen, wenn man dahinter kommt, was man noch hätte sagen oder einwenden können.

Siehe dazu §§ 27 und 29 ZPO (Zivilprozessordnung), sowie § 61 StPO

Verhandlung über Strafausmaß

Über eine Strafe kann verhandelt werden.

In den USA! Dort kommen über 90 Prozent aller Verurteilungen auf diese Weise zustande.
In Österreich können Verteidigung, Staatsanwaltschaft und Gericht nur in den seltensten Fällen Absprachen bezüglich des Verfahrens und des Strafausmaßes treffen. In sehr engen Grenzen ist es allerdings zulässig, zum Beispiel: Wenn der Beschuldigte bestimmte Auflagen wie Zahlungen an eine gemeinnützige Organisation erfüllt, kann ein Verfahren eingestellt werden (siehe Begriff „Diversion", Seite 190) Da, anders als in den USA, in Österreich die Prozesse von den Richtern geleitet werden, ist übrigens auch ein „Kreuzverhör" nicht üblich. Szenen aus dem Gerichtssaal, in welchen ein Zeuge nacheinander von Staatsanwalt und Verteidiger mit Fangfragen bombardiert wird, die beide abwechselnd händefuchtelnd im Raum auf- und ablaufen und dabei entweder süffisant lächeln oder böse dreinschauen, spielen sich hierzulande nicht so theatralisch ab: Zuerst stellt der Richter, dann der Staatsanwalt und zuletzt der Verteidiger die Fragen, alle bleiben brav auf ihrem Platz und erheben sich höchstens von ihrer Sitzgelegenheit.

Siehe dazu § 249 StPO

Einspruch

Einspruch, Euer Ehren!

Ein überfüllter Gerichtssaal, stickige Luft, zähe Verhandlung, genervter Richter, schwitzender Verteidiger, bissiger Staatsanwalt, nervöser Angeklagter und ganz viele Emotionen. Der Staatsanwalt

erhebt sich und beginnt mit der Befragung eines Zeugen, rhetorisch brillant, mit einer gewissen Arroganz im Blick, versucht er diesen mit einer geschickten Taktik zu verwirren. „Einspruch, Euer Ehren“ brüllt der Verteidiger, springt auf und rudert mit den Armen, während der Angeklagte blass in seinem Stuhl zusammensinkt und der Richter die Augen verdreht.
In Österreich wird man eine solche Szene in einem Gerichtssaal nicht erleben, bei uns kann der „Einspruch“ nur gegen einen bedingten Zahlungsbefehl im Zivilprozess oder gegen eine Strafverfügung im Verwaltungsstrafverfahren eingelegt werden. Bei Fragen des Staatsanwaltes, die dem Verteidiger nicht gefallen, kann dieser unterbrechen und sachlich darauf aufmerksam machen, dass diese unpassend sei und nicht zur Aufklärung der Straftat beitrage. Fragen zurückweisen darf nur der Richter, welchen man in unserem Land auch niemals mit „Euer Ehren“, sondern mit Frau oder Herr Rat beziehungsweise Vorsitzende/-r betitelt.

Siehe dazu § 249 Abs. 2 StPO

Wahrheitspflicht

Vor Gericht muss man immer die Wahrheit sagen.

Sollte man, muss man aber nicht!
Der einer Straftat Beschuldigte ist nicht verpflichtet, die Wahrheit zu sagen, da das absolute Verbot besteht, den Beschuldigten zur Selbstbelastung zu zwingen. In einem Zivilverfahren können die Parteien auch nachträglich vereidigt werden, dann ist eine getätigte falsche Aussage auch strafbar, was im schlimmsten Fall den Tatbestand des Betruges erfüllt (Prozessbetrug). Zeugen hingegen dürfen nicht lügen oder etwas verschweigen. Angehörige müssen nicht aussagen, tun sie

es trotzdem, stehen sie natürlich unter Wahrheitspflicht. Zeugen können aber die Beantwortung einzelner Fragen verweigern, wenn sie sich selbst oder einen Angehörigen dadurch der Schande aussetzen würden. Man darf außerdem die Zeugenaussage zurückweisen, wenn Gefahr eines bedeutenden Vermögensnachteiles besteht, wenn durch die Straftat die Geschlechtssphäre des Aussagenden verletzt wurden oder durch die Aussage Umstände aus seinem persönlichen Lebensbereich oder dem einer anderen Person offenbart werden müssten. Ist die Aussage für den Gegenstand des Verfahrens unerlässlich, können jedoch diese Personen zur Aussage verpflichtet werden.

Siehe dazu §§ 288 ff StGB und §§ 154 ff StPO

Wiederaufnahmeverfahren

Wegen ein und derselben Sache kann man nicht zwei Mal vor Gericht gestellt werden.

Barbara W. soll ihren Freund erstochen haben, doch sie leugnet die Tat, Zeugen gibt es keine, und die Tatwaffe ist und bleibt verschwunden. Im Prozess reichen weder die hasserfüllten Anschuldigungen ihrer wasserstoffblonden Rivalin aus, noch die ernsthaften Bemühungen seitens der Staatsanwaltschaft, Frau W. die Tat nachzuweisen, um einen Schuldspruch zu erreichen. Barbara W. wird freigesprochen, und ihr neuer Lover, der Bodybuilder „Mister Strong“ versichert ihr, dass niemand für ein und dieselbe Sache zwei Mal angeklagt werden kann. Doch da irrt sich der Muskelprotz, denn es ist sehr wohl möglich, ein Verfahren jederzeit wieder aufzunehmen, wenn:

- Die Einstellung durch Urkundenfälschung oder durch falsche Beweisaussage, Bestechung oder eine sonstige Straftat des Beschuldigten oder einer dritten Person herbeigeführt worden ist,

- der Beschuldigte später ein Geständnis der ihm angelasteten Tat ablegt oder sich andere neue Tatsachen oder Beweismittel ergeben, die geeignet scheinen, die Verurteilung des Beschuldigten nahe zu legen.

Voraussetzung hierfür ist natürlich, dass die Strafbarkeit der Tat noch nicht durch Verjährung erloschen ist.

Siehe http://www.help.gv.at → Suche Verjährung

Sammelklage

Sammelklagen gibt es in Österreich nicht.

Es gibt keine „class action" wie in den USA!
Doch der Verein für Konsumenteninformation (VKI) hat eine „Sammelklage nach österreichischem Recht" ins Leben gerufen und bereits mehrmals erfolgreich zum Einsatz gebracht. Außerdem gibt es Gerichtsverfahren, bei welchen mehrere Personen gemeinsam, als so genannte Streitgenossen, jemanden wegen eines identischen Sachverhaltes klagen. Unter anderem bei Fällen wie Epidemie-Ausbrüchen bei Pauschalreisen oder Schädigung mehrerer Gutgläubiger durch „Wunderheiler" besteht ein Interesse an der gesammelten Durchsetzung von Rechten größerer Gruppen.
In den USA arbeiten die „Opferanwälte" auf Erfolgsprovision und kassieren gegebenenfalls hohe Beträge ab (im Gegensatz zu den geringen Entschädigungssummen für die Kläger), was häufig Kritik an diesem System auslöst.
Bei der „Sammelklage nach österreichischem Recht" werden die Ansprüche an den VKI abgetreten und gesammelt eingeklagt, was ein gemeinsames Verfahren und ein einheitliches Ergebnis möglich macht.

Eine Weiterentwicklung dieser Vorgangsweise ist wahrscheinlich und wird in der Europäischen Union bereits diskutiert.

Siehe dazu §§ 28 ff KSchG

Stalking

Nur weil ich einer Frau täglich rote Rosen schenke, bin ich doch kein Stalker.

Wenn sie die Blumen von Ihnen nicht haben möchte, dann schon! Stalking (vom englischen Verb „to stalk“, was soviel wie stolzieren oder im Zusammenhang mit der Jagd heranpirschen und sich anschleichen bedeutet) wird im Gesetz „beharrliche Verfolgung“ genannt und definiert damit jede unerwünschte, wiederkehrende Belästigung. Dabei ist es egal, ob Sie eine Person regelmäßig anrufen oder ihr irgendwo auflauern, obwohl diese Ihnen bereits unmissverständlich klar gemacht hat, dass sie keinen Kontakt möchte, oder ihr nur täglich Blumen vor die Haustüre legen. Voraussetzung ist, dass sich diese Person in ihrer Lebensführung unzumutbar beeinträchtigt fühlt, und dass die Kontaktaufnahme über einen gewissen Zeitraum erfolgt (mindestens einen Monat).
Kompliziert wird es, wenn ein Stalker ohne Nennung seines Namens eine Person ohne räumliche Kontaktaufnahme belästigt. Ruft er diese zum Beispiel mit einem nicht registrierten Wertkartenhandy an, dürfen seine Daten, selbst wenn er die eigene Nummer mitschickt, von der Polizei nicht rückerfasst werden. Das wird deshalb nicht gestattet, weil es für einen Gerichtsbeschluss nötig ist, dass der zeitliche Rahmen für die drohende Gefängnisstrafe über einem Jahr liegt (was bei Stalking nicht der Fall ist).

Siehe dazu § 107a StGB

Selbstmord

Eine Tötung auf Verlangen ist strafbar, Beihilfe zum Selbstmord nicht.

Anders als in Deutschland ist bei uns die Beihilfe zum Selbstmord sehr wohl strafbar. Dieses Gesetz wird bei unseren Nachbarn allerdings praktisch durch jenes der unterlassenen Hilfeleistung ersetzt. Man darf in Deutschland nämlich einem potenziellen Selbstmörder zwar zum Beispiel einen Strick in die Hand drücken, muss aber, sobald er sich diesen um den Hals gelegt, vom Sessel gesprungen und bewusstlos geworden ist, den Strick durchschneiden, bei der Person mit Wiederbelebungsmaßnahmen beginnen und Hilfe herbei holen. In Österreich ist bereits das In-die-Hand-Drücken der Selbstmordwaffe strafbar. Das Strafausmaß ist dasselbe, wie bei Tötung auf Verlangen (wenn man also der Person auf ihren ausdrücklichen Wunsch hin den Strick um den Hals legt und sie vom Sessel schubst).

Siehe dazu §§ 77, 78 und 95 StGB

Behinderung der Justiz

Die Behinderung der Justiz ist gerichtlich strafbar.

Gäbe es diesen Straftatbestand, wäre er es!
Wieder einmal fallen wir auf eine Redewendung aus den USA herein („obstruction of justice"), die auch im deutschen Sprachraum längst zum geflügelten Wort geworden ist. Dem Sinn (aber nicht der Bezeichnung) nach, existiert ein solches Gesetz auch in Österreich, es wird „Begünstigung" genannt. Niemand darf Ermittlungen gegen einen Beschuldigten beeinträchtigen und damit verhindern, dass ein Mensch, der eine rechtswidrige Tat begangen hat, dafür bestraft wird.

Schauen wir uns folgendes, wenn auch vielleicht für österreichische Verhältnisse nicht gerade realitätsnahes Beispiel an: Ursula J. ist frisch verliebt und sieht ihren neuen Freund, den braungebrannten Giovanni S., durch die rosarote Brille, obwohl ihre Freundin dem „Italo-Man" von Anfang an misstraute. Eines Tages, Ursula J. ist gerade dabei, die Wäschetruhe zu leeren, plumpst ihr beinahe die rosarote Brille in die Kiste, als sie zwischen Giovannis gebrauchten Fuß- und Lendenkleidern eine Schusswaffe entdeckt. Im selben Moment betritt der Sunnyboy das Badezimmer, sieht seine Freundin mit der Waffe und beginnt zu weinen. Während Giovanni stammelt „Ich Fehler gemacht, ich Tankstelle überfallen, ich Bastard sein, du mir helfen flüchten zu Mama nach Italien ..." läutet es draußen an der Tür Sturm und eine tiefe Männerstimme schreit: „Aufmachen, Polizei!" Öffnet Ursula J. den Exekutivbeamten nun und bestreitet, einen Giovanni zu kennen, oder seilt denselben gar zuvor noch aus ihrem Badezimmer ab und versenkt seine Waffe in der Klomuschel, wird man sie dafür zur Verantwortung ziehen. Wenn man kann ihr die Begünstigung nachweisen kann.
Der Täter selbst kann nicht bestraft werden, wenn er zum Beispiel Beweismittel vernichtet oder einen anderen dazu verleitet, ihm Unterschlupf zu gewähren, wenn die Polizei nach ihm sucht.

Siehe dazu § 299 StGB

Präzedenzfall

Ein Richter muss sich an das Urteil, das in einem Präzedenzfall verkündet wurde, halten.

Nein!
Das Wort „Präzedenzfall" (Juristische Entscheidung, die als Maßstab

herangezogen wird) kennen Liebhaber amerikanischer Krimi-Serien nur zu gut. Es fällt dort sehr häufig im Zusammenhang mit pflichtbewussten Verteidigern, welche dieses – in der Regel nach tage- und nächtelangen Recherchen und mindestens hundert Tassen schwarzen Kaffee – als letztes oder auch einziges Ass ins Spiel bringen. Danach wiegt der Richter nachdenklich sein weises Haupt, übergeht den halbherzigen Antrag der Staatsanwaltschaft und verkündet danach dasselbe Urteil wie in dem vorgetragenen Präzedenzfall. Im Fernsehen endet die Szene meist mit einem Freispruch für den Angeklagten, emotionsgeladenen Ausbrüchen seitens seiner anwesenden Verwandten und einer freundschaftlich-dankbaren Umarmung für den fleißigen Verteidiger, der nie aufgehört hatte, an die Unschuld seines Mandanten zu glauben.
Im Österreichischen Rechtssystem liegt der Fall anders. In unserem Land sind Richter laut Verfassung unabhängig, weisungsungebunden und ausschließlich dem Gesetz verpflichtet. Der „Präzedenzfall" heißt hierzulande Präjudiz, wobei es sich um die Vorentscheidung eines Obersten Gerichtes mit Leitbildfunktion handelt. An diesen festgelegten Entscheidungen und Beschlüssen haben sich zukünftige Fälle zu orientieren, sie gelten als Maßstab und bieten sich als Auslegungshilfe an, sind aber nicht bindend.

Miranda-Warnung

Sie haben das Recht zu schweigen, alles was Sie sagen… –
jeder von der Polizei Festgenommene bekommt diesen Spruch zu hören.

Sie sehen tatsächlich zu viele amerikanische Krimis!
Die so genannte „Miranda-Warnung", die in Filmen oft wirkungsvoll nach einer aktionsreichen Verfolgungsjagd mit unzähligen Autocrashs dem Geflüchteten bei seiner Verhaftung vorgetragen wird, gibt

es als solche nur in den USA. Da der Spruch aber einen großen Wiedererkennungseffekt auslöst und zu einer spektakulären Festnahme irgendwie dazugehört, wird er auch in europäischen Krimis oft als Stilelement verwendet.
Die Miranda-Warnung geht auf Ernesto Arturo Miranda zurück, der 1963 in den USA wegen Raubes, Entführung und Vergewaltigung festgenommen wurde. Nach einem polizeilichen Verhör legte er ein Geständnis ab, das man dem Gericht als einziges Beweismittel vorlegte, woraufhin er schuldig gesprochen und zu 20 bis 30 Jahren Haft verurteilt wurde. Mirandas Anwalt wandte sich an den Obersten Gerichtshof der Vereinigten Staaten und erreichte eine Aufhebung der Verurteilung. Das Geständnis wurde für null und nichtig erklärt, da der Verdächtige vor seiner Aussage nicht über seine Rechte belehrt worden war. Gleichzeitig legte der Oberste Gerichtshof eine Reihe von Anforderungen für den Umgang mit einer Person in Gewahrsam fest: Sie hat das Recht zu schweigen, sie muss wissen, dass jede Aussage vor Gericht gegen sie verwendet wird, dass sie einen Anwalt zu Rate ziehen kann und so weiter. Außerdem bestimmte das Gericht auch, wie zu verfahren sei, wenn ein Verdächtiger seine Rechte ausüben möchte: Er hat das Recht, bei einem Verhör zu schweigen, das Recht auf einen bei der Befragung anwesenden Anwalt und so weiter. Miranda wurde anschließend ein zweites Mal vor Gericht gestellt, die Staatsanwaltschaft berief sich auf Zeugenaussagen und anderes Beweismaterial, woraufhin Miranda erneut schuldig gesprochen wurde und elf Jahre im Gefängnis verbrachte.
Nach dem Urteil wies man Polizisten bundesweit an, bei Verhaftungen Verdächtige über ihre Rechte aufzuklären, was bis heute Miranda-Warnung genannt wird. Selbstverständlich werden ähnliche Aussagen auch in Österreich von Polizisten getätigt, wenn sie jemanden festnehmen, doch so einen geschichtsträchtigen oder wohlklingenden Namen kann unser Sprücherl nicht vorweisen.

Siehe dazu §§ 49 und 50 StPO, sowie § 164 StPO

Anzeigepflicht

Wer eine Straftat nicht anzeigt, macht sich selbst strafbar.

Mitnichten!
Straftaten müssen, wurden sie bereits begangen, nicht angezeigt werden – außer von Behörden, wenn diese ihren gesetzmäßigen Wirkungsbereich betrifft. Es existiert im Gesetz lediglich das Recht dazu, dies zu tun. Anders verhält es sich, wenn die Tat noch nicht, oder noch nicht vollständig, ausgeführt ist. Dies gilt nur für schwere Straftaten, einen Ladendiebstahl zum Beispiel muss niemand, selbst während er begangen wird, verhindern oder anzeigen. Selbst ein Arzt hat nicht die Verpflichtung, Anzeige zu erstatten, versorgt er zum Beispiel einen sichtlich durch eine Straftat Verwundeten. Im Gegenteil, hier macht er sich wahrscheinlich sogar der Verletzung seiner ärztlichen Schweigepflicht schuldig. Er muss allerdings sehr wohl die Polizei verständigen, wenn jemand eines nicht natürlichen Todes gestorben ist und ein Verbrechen vermutet wird.
Außerdem sind schwere Infektionskrankheiten und in gewissem Rahmen Kindesmissbrauch und -misshandlung meldepflichtig.

Siehe dazu § 286 StGB, §§ 78 ff StPO und
§ 26 ÄrzteG

Kuppelei

Kuppelei ist heutzutage nicht mehr strafbar.

Da kennen Sie aber unsere Gesetze schlecht!
Selbstverständlich muss dabei Sex im Spiel sein, das bloße Zusammenführen zweier einsamer Herzen ist selbstverständlich erlaubt, oft

sogar erwünscht. Friedhelm S., ein recht unkonventioneller Lehrer, von seinen Schülern als „cooler Typ" bezeichnet, fährt mit seiner Klasse, der 4b einer Hauptschule, und einer Kollegin auf Sportwoche. Bereits im Bus bemerkt Friedhelm S. amüsiert, wie der Lukas die Simone anschmachtet, und diese ihm ebenfalls verstohlene Blicke zuwirft, wenn sie nicht gerade mit ihrer besten Freundin kichert. In ihrer Unterkunft angekommen, beziehen die Burschen ihre Zimmer im Erdgeschoß, die Mädchen begeben sich in den ersten Stock. Nach dem Abendessen treffen sich die Kinder mit ihren Lehrern im Aufenthaltsraum, um die Vorhaben des nächsten Tages zu besprechen, bevor sie gegen 20 Uhr zu Bett geschickt werden.

Da winkt Friedhelm S. verstohlen den Lukas zu sich heran, drückt ihm augenzwinkernd ein Kondom in die Hand und flüstert ihm leise zu, dass er ihm helfen wolle, die kleine Simone zu erobern. Schließlich wüsste er ja genau, wie sehr Jungs in diesem Alter unter Druck stünden, und meint, die Simone sei ganz sicher auch schon „reif für die Liebe", das sähe man ihr an. Der Lehrer verspricht dem Jungen, das Mädchen gegen 21 Uhr aus ihrem Zimmer zu holen und in das gemütliche Stüberl im Keller zu schicken, wo Lukas auf sie warten solle.

Meint Friedhelm S. das ernst (es soll ja auch Lehrer geben, die sich einen Spaß mit ihren Schülern erlauben), macht er sich, kommt es zwischen den beiden jungen Leuten tatsächlich zu einer geschlechtlichen Handlung, der Kuppelei strafbar. Lässt sich der Lehrer seine „Gefälligkeit" auch noch bezahlen, vielleicht nicht gerade, um sich zu bereichern, sondern um dem Jungen zu ermöglichen, seine Dankbarkeit zu zeigen, kann die Strafe sogar noch härter ausfallen. Um Zuhälterei handelt es sich hierbei allerdings noch nicht!

Siehe dazu §§ 213 und 216 StGB

Mittäterschaft

Das Anstiften zu einer Tat wird nicht bestraft, wenn man an derselben danach nicht beteiligt ist.

Charly W. hatte einen schlechten Tag: Am Morgen waren der Kaffee zu heiß und die Kinder zu laut, tagsüber der Chef zu launenhaft und die Kollegen zu faul und am Abend die Frau zu lästig und der Hund zu nervig. Charly W. beschloss, in die Kneipe zu gehen, um mit seinen Kumpels ein paar Bierkrüge zu stemmen. Die Stimmung im Lokal schien etwas angespannt zu sein, als der Mann ankam, denn seine Freunde sahen ihm grimmig entgegen und warfen dann einen giftigen Blick in Richtung Billardtisch. Mit den Worten „Der Kö-Fritzi ist schon wieder da und gibt mächtig an", wurde Charly W. begrüßt, als er sich an den Tisch setzte. Drei Biere und einige Stänkereien in Richtung Billardtisch später, trat Kö-Fritzi an den Tisch der Männerrunde und bat Charly W. mit präpotentem Gesichtsausdruck um ein Spiel, nicht ohne zu erwähnen, dass er gegen „den Loser" sowieso gewinnen würde.
Bertl A. erhob sich und sagte: „Zeig's ihm, Charly, aber nicht mit dem Kö, sondern mit der Faust. Der bettelt doch geradezu darum!" Charly W. ließ sich nicht lang bitten und versetzte Kö-Fritzi einen Kinnhaken, der sich drei Sekunden später mit einem Schlag in die Bauchgegend seines Gegners revanchierte. Innerhalb von sieben Sekunden waren nicht nur Charlys, sondern auch Fritzis Kumpels in die Keilerei involviert (außer Bertl A., der hatte sich längst aus dem Staub gemacht). Zehn Minuten später kam die Polizei.
Alle 12 Personen erhielten eine Strafe, auch Bertl A., der, nachdem alle Beteiligten nüchtern den Tathergang rekonstruiert hatten, einstimmig als Anstifter genannt wurde.

Siehe dazu §§ 12 und 91 StGB

Voyeurismus

Spannen ist eine Straftat.

Sollte man meinen!
Mit der Lust am Schauen wird ganz legal viel Geld umgesetzt, in Striptease-Clubs, in Peepshows, mit kostenpflichtigen Seiten im Internet, oder mit dem Verkauf einschlägiger Filme. Ebenso nicht verboten ist das heimliche Betrachten sich entkleidender, nackter oder sexuell aktiver Menschen zum Zweck der Luststeigerung, auch wenn diese dazu keine Zustimmung geben oder gar nicht erst gefragt werden.
Wer nun also zum Beispiel feststellt, dass vor seinem Haus im Gebüsch regelmäßig ein Mann mit Fernrohr auf der Lauer liegt und sabbernd in die Schlafzimmer der Leute glotzt, wird mit einer Anzeige kaum Glück haben. Das bloße Schauen, mit oder ohne Hilfsmittel, ist nicht strafbar. Was der Voyeur allerdings nicht darf, zumindest nicht ohne Zustimmung, ist Bild- oder Tonaufnahmen herstellen, egal, ob er sie später Gleichgesinnten zugänglich macht, oder „nur" privat konsumiert.
Eine etwas heiklere Angelegenheit ist der Exhibitionismus, also die Lust daran, sich anderen Menschen nackt zu zeigen oder bei sexuellen Aktivitäten beobachten zu lassen. Werden die exhibitionistischen Handlungen vor Kindern vollzogen, kann es sich sogar um sexuellen Missbrauch handeln.
Der Straftatbestand der sexuellen Belästigung (im Allgemeinen, sowie hier im Speziellen) liegt nur dann vor, wenn sich das Opfer auch tatsächlich belästigt fühlt (also Angst oder Ablehnung zeigt), nicht aber, wenn es Interesse, Verwunderung oder Mitleid signalisiert.
Bitte überlegen Sie sich also genau, sollte Ihnen einmal, um ein Klischee zu bemühen, im Park ein Mann entgegenkommen, der vor Ihnen stehen bleibt und seinen Mantel öffnet, damit Sie einen Blick auf sein bestes Stück werfen können, wie Sie dann reagieren, welchen Blick Sie aufsetzen und was Sie in diesem Moment sagen werden

(lachen sollten Sie auf gar keinen Fall, wenn Sie wollen, dass der Mann bestraft wird). Außerdem ist der Tatbestand des Exhibitionismus nur dann erfüllt, wenn die Entblößung der sexuellen Befriedigung dient. Wenn Ihnen also nur Ihr Ex-Freund einen Streich spielen möchte, kann er dafür nicht belangt werden.

Siehe dazu § 1328a Abs. 1 ABGB, § 78 UrhG und § 218 StGB

Rauschtat

Begehe ich im Vollrausch eine Straftat, kann ich nicht zur Rechenschaft gezogen werden.

Welch ein Missverständnis!
Selbstverständlich wird jemand bestraft, der zum Beispiel sternhagelvoll einen Einbruch begeht, zwar nicht für die Tat selbst, aber dafür, dass er sich betrunken und in Kauf genommen hat, eine Straftat begehen zu können (Fahrlässigkeit). Geringstenfalls wird er für den Vollrausch selbst zur Verantwortung gezogen. Für Vorsätzlichkeit wird man belangt, wenn man sich betrinkt, um die Hemmschwelle für ein geplantes Verbrechen abzusenken. Strafverschärfend hingegen wirkt eine Alkoholisierung zum Beispiel bei der Verursachung eines Verkehrsunfalls.
Hat die Trunkenheit einer Person jemand anderer verursacht, zum Beispiel der Kumpel, der besonders lustig sein wollte und seinem Freund heimlich Schnaps ins Bier geleert hat, haftet dieser unter Umständen uneingeschränkt für durch den Betrunkenen verursachte Schäden.

Siehe dazu § 1307 ABGB und § 287 StGB

Vorwarnpflicht

Ich muss den Gegner warnen, dass ich Karate beherrsche, bevor ich diese Technik gegen ihn anwende.

Unsinn, es gibt keine Vorwarnpflicht für Kampfsportler!
Mit stolz geschwellter Brust erklärt der Filius, der seit einigen Wochen Unterricht in Karate nimmt, er habe gehört, dass er den Satz „Vorsicht, ich kann Karate" sagen muss, bevor er einen potenziellen Gegner mit einem gezielten Schlag niederstreckt. Sein Sportskamerad hingegen behauptet, dass man sein Können im Kampfsport ohnehin nur im Rahmen des Trainings oder eines Wettkampfes unter Beweis stellen darf. Beides ist falsch.
Befindet sich jemand in einer gefährlichen Situation und wird mit einem Angriff konfrontiert, darf er sich zur Wehr setzen – egal ob blindlings oder gekonnt. Es handelt sich dabei schlicht um Selbstverteidigung, sofern eine den Umständen entsprechende, angemessene Abwehrhandlung vorliegt (man darf also nicht, bekommt man eine Ohrfeige verpasst, dem anderen mit einem Karatetritt das Nasenbein brechen).
Anders sieht es natürlich aus, wenn ein Kampfsportler seine Kunst ohne Vorliegen einer Notwehrsituation am lebenden Objekt demonstriert, wenn dieses nicht damit einverstanden ist (selbstverständlich ist in so einem Fall auch jede andere Art der körperlichen Gewalt untersagt).

Siehe dazu §§ 3 Abs. 2 und 83 ff StGB

§ Im Umgang mit Medien

Was als ein Strom nützlicher Informationen begann, hat sich inzwischen in eine Sturzflut verwandelt.
Neil Postman, US-Medienkritiker
(1931–2003)

Die Mittel zur Verbreitung von Informationen gedanklichen Inhaltes in Wort, Ton, Schrift und Bild an einen größeren Personenkreis durch Massenherstellung (Medien) spielen in jeder Gesellschaft eine wichtige Rolle und üben einen nicht zu unterschätzenden Einfluss auf die Meinungsbildung der Menschen aus. Beinahe jeder Österreicher liest regelmäßig Zeitung, hört Radio oder sieht fern, und mittlerweile weit mehr als die Hälfte der Bewohner unseres Landes nutzt das Internet.

Während man im Printbereich und bei Funk und Fernsehen Gefahr läuft, miese Kost vorgesetzt zu bekommen, tappen Surfer in den unendlich scheinenden Weiten des World Wide Web oft in fiese Abzockfallen. Eine erste Verbesserung für den Konsumenten brachte die Entscheidung, das Online-Medium in das Mediengesetz zu integrieren, wodurch gewisse Pflichten für Betreiber kommerziell genutzter Homepages entstanden.

Tarnen und Täuschen scheint allerdings in jedem der Medien ein Teil der Geschäftspolitik zu sein, auch wenn Leichtgläubigkeit und Sorglosigkeit vor dem Computer den meisten Schaden anrichten können. Doch mit ausreichender Kenntnis und laufender Erneuerung des Wissens- und Informationsstandes, sollte ein entspannter, wenn auch vorsichtiger Umgang, mit dem World Wide Web und seinen Tücken möglich sein.

TV-Notar

Ist in einer TV-Show ein Notar anwesend, muss alles mit rechten Dingen zugehen.

Sollte es, aber Garantie gibt es dafür keine!
Die Idee, Notare bei TV-Shows einzusetzen, um dem Zuschauer zu vermitteln, hier gehe wirklich alles „mit rechten Dingen“ zu, ist alt, aber offensichtlich immer noch gut. Doch die Anwesenheit eines Notars ist keine Garantie für den korrekten Ablauf in einer Sendung, da diese Amtsträger bei solchen Auftritten eine reine Statistenrolle mit Augenauswisch-Funktion einnehmen, auch wenn sie hundert Mal „echte“ Notare sein mögen.
Stellen Sie sich folgende Situation vor: Notar Heinz S. wird gebeten, bei einer Casting-Show als Überbringer der Ergebnisse des Televotings zu fungieren und dem Moderator am Ende der Sendung den Umschlag mit den Namen jenes Kandidaten zu überreichen, der ausscheiden muss. Heinz S. freut sich auf diese neue, verantwortungsvolle Aufgabe, bietet sie ihm doch die Möglichkeit, im Fernsehen Präsenz zu zeigen und seinen Berufsstand würdevoll zu vertreten. Am Aufzeichnungstag der Show steht er nervös hinter den Kulissen und fiebert mit den Teilnehmern mit, die sich die Seele aus dem Leib singen, um eine Runde weiterzukommen. Gegen Ende der Sendung bekommt der Notar von einer netten jungen Dame einen offenen Briefumschlag in die Hand gedrückt mit den Worten: „Bitte kontrollieren Sie das Ergebnis und bringen Sie es auf sein Kommando dem Moderator.“ Mit zittrigen Fingern holt Heinz S. den Zettel aus dem Kuvert, liest den Namen des Kandidaten, der auf Wunsch der Zuseher ausscheiden soll, und wartet dann gespannt auf seinen Einsatz. „Und jetzt bitte ich Dr. S. auf die Bühne, der das Ergebnis in seiner Funktion als Notar überprüft hat und bestätigen wird, dass alles seine Richtigkeit hat. Guten Abend Dr. S.!“ Heinz S. stolpert dem Moderator entgegen, reicht ihm zuerst die verschwitzte Hand

und danach den mittlerweile zugeklebten Briefumschlag, während er sich bemüht, in die richtige Kamera zu lächeln. Danach nickt er wie ein hypnotisiertes Kaninchen, als er gefragt wird, ob das Ergebnis korrekt und Manipulation auszuschließen sei.
Tja, was heißt das jetzt genau? Dass er sich ein nicht überprüfbares Ergebnis, welches zusätzlich mit Fantasie-Prozentangaben verfeinert worden sein kann, angeschaut und in seiner Funktion als Notar dessen Richtigkeit bestätigt hat.
Ob nun bei Fernsehshows immer, häufig, manchmal oder nie geschummelt wird, sei dahingestellt. Solang der Unterhaltungswert groß ist, interessiert es wahrscheinlich auch niemanden wirklich.

Rundfunkgebühren

Bin ich nicht im Besitz einer ORF-Digitalbox, muss ich auch keine Gebühren bezahlen.

Das ist natürlich Unsinn!
Alle Geräte, mit denen Sie Radio- und/oder Fernsehprogramme empfangen können, sind gebührenpflichtig und müssen deshalb angemeldet werden. Eine Befreiung von den Rundfunkgebühren kann lediglich bei sozialer und/oder körperlicher Hilfsbedürftigkeit beantragt werden. Die Voraussetzungen dafür sind allerdings, dass Radio- und Fernsehgeräte bereits gemeldet wurden, der Hauptwohnsitz des Antragsstellers in Österreich ist und dieser seinen Befreiungsgrund nachweisen kann.
Ebenfalls um einen Irrglauben handelt es sich auch bei der Annahme, dass die GIS-Kontrolleure die Strahlen eines empfangenden Gerätes irgendwie auffangen und daraufhin die Anmeldung überprüfen. Doch eine solche „Peilung“ existiert natürlich nicht.
So funktioniert's: Die Mitarbeiter der Gebühren Info Service GmbH

(GIS) haben Anspruch auf die Meldedaten, die sie mit den Rundfunkgebühr-Teilnehmerdaten vergleichen. Auf diese Weise lässt sich herausfinden, wo es sich Schwarzseher mit einem Bierchen vor den Nachrichten gemütlich gemacht haben könnten. Einen GIS-Kontrolleur muss man übrigens nicht in die Wohnung lassen. Der Abgewiesene hat aber die Möglichkeit, die Bezirksverwaltungsbehörde zu verständigen, die weitere Schritte zur Überprüfung einleitet. Wenn sich herausstellt, dass falsche Angaben zum Bestehen einer Gebührenpflicht gemacht wurden oder trotz Mahnung die Auskunft verweigert wird, leitet diese dann gegebenenfalls ein Verfahren ein. Das kann zu einer Verwaltungsstrafe von bis zu 2.180 Euro führen!

Siehe dazu §§ 2 ff RGG
Außerdem: *http://www.orf-gis.at* → *Gebühren* → *Gebührenbefreiung*

Zeitungsenten

Was in der Tageszeitung steht, muss stimmen, auch wenn die Inhalte bei den verschiedenen Blättern ein wenig voneinander abweichen.

Das sollte man zumindest glauben!
Doch ein Journalist ist nicht der Wahrheit, sondern der Sorgfalt verpflichtet. Stellen Sie sich folgende Situation vor: Ottokar M. ist im Stress. Bis Mitte der Woche soll er für die lokale Wochenzeitung, für die er arbeitet, die Titelstory schreiben, und es ist bereits Montag. Außerdem ist Juli, einer der Monate, in welchen Tausende Journalisten jährlich mit dem berühmten Sommerloch kämpfen, in dem sich meist einfach über absolut nichts Spektakuläres berichten lässt. Es wird 20 Uhr, Ottokar M. ist allein in der Redaktion und beginnt in höchster Not einen perfiden Plan zu schmieden. Dienstag Abend legt er dem Chefredakteur dann seinen Artikel für die Titelseite nebst

reißerischer Schlagzeile vor: „80-jährige Badenerin am Wegerl im Helenental von einer Horde panischer Wildschweine überrannt – Wie durch ein Wunder hat die Spaziergängerin überlebt". Was, wenn die Wildschweine völlig zu Unrecht beschuldigt werden, da sie an genanntem Tag nie eine 80-Jährige über den Haufen gerannt, sondern sich wie immer abseits des Wanderweges auf Futtersuche im Unterholz herumgetrieben haben? Was, wenn Ottokar M. die Tiere nur für seine Story zu gefährlichen Amokläufern gemacht hat, die laut ungenannten Augenzeugen, mit einem irren Flackern im Blick, mit mehr als 70 Sachen über die arme alte Dame hinweggaloppiert sind? Ein Journalist muss seine Informations-Quelle nicht nennen, aber garantieren, dass er seine Sorgfaltspflicht nicht verletzt, also genau recherchiert hat, ob die Geschichte der Wahrheit entspricht (was in beschriebenem Fall nicht relevant ist, da Ottokar M. die Story ohnehin frei erfunden hat).
Ein zweites Sicherheitsnetz ist auch noch „das überwiegende Interesse der Öffentlichkeit", das zum Tragen kommt und den Journalisten schützt, wenn er zum Beispiel rein spekulative, sich hinterher als unwahr herausstellende Informationen verbreitet (vorausgesetzt natürlich, es geschieht unwissentlich und er kann hinreichend Gründe nennen, die ihn veranlasst haben, die Behauptungen für wahr zu halten). Somit hat der Redakteur Ottokar M. sein Problem gelöst und wird mit seiner Vorgehensweise ziemlich sicher durchkommen, da wahrscheinlich weder Leser, noch die (nicht existente) Betroffene und schon gar nicht die armen Wildschweine die Ente entlarven können.

Siehe dazu Art. 10 EMRK (Europäische Menschrechtskonvention), Art. 13 StGG (Staatsgrundgesetz) und §§ 6 und 29 MedienG

Selbstverständlich kann sich ein direkt von Unwahrheiten Betroffener, trotz der zahlreichen Privilegien, die Medieninhaber und Journalisten genießen, wehren (sofern er das Unrecht, im Gegensatz zu den Wildschweinen, artikulieren kann). Es besteht die Möglichkeit zur Ge-

gendarstellung, zur Forderung eines Widerrufes und zur Klage auf Schadenersatz.
Ein Recht auf Abdruck eines Leserbriefes, auch wenn in diesem eine Lüge aufgedeckt werden soll, existiert nicht.

Siehe dazu § 1330 ABGB, §§ 111 ff und 152 StGB, §§ 6 und 9 ff MedienG und http://www.leseranwaltschaft.at

Benehmen im Chat

Im Internet kann man in Foren und Chatrooms alles schreiben, was man will – ohne Konsequenzen.

Das Internet ist kein rechtsfreier Raum, daher gelten dieselben Bestimmungen, Regeln und Gesetze wie im persönlichen Umgang mit Menschen.
Man darf also weder die Dame mit dem Nickname „Schlampinchen" als solches bezeichnen, noch auf einer Esoterik-Seite „Madame Marcella" einen Scharlatan nennen. Genauso ist es untersagt, zum Beispiel in einem bekannten Internet-Auktionshaus eine schlechte Bewertung über einen Anbieter abzugeben, wenn diese unwahr oder beleidigend ist (siehe dazu Begriff „Rufmord", Seite 198 sowie *§ 1 UWG*).
Jeder Betreiber einer Homepage ist aber in zumutbarer Weise dazu verpflichtet, Inhalte zu kontrollieren und diese gegebenenfalls zu löschen. Es kann allerdings nur dann gegen ihn vorgegangen werden, wenn Rechtsverletzungen für einen juristischen Laien ohne weitere Nachforschungen offenkundig sind.

Siehe dazu § 16 ECG (E-Commerce-Gesetz)

Strg + C

Inhalte, die im Internet frei zugänglich sind, kann jeder kopieren und nutzen.

Sicher nicht, denn das Urheberrecht gilt auch im Internet!
Stellen Sie sich vor, Sie sind eine begnadete Hobby-Lyrikerin und präsentieren Ihre Gedichte auf der Homepage Ihrer Tochter auf der Seite „Meine Mami“ gleich unter dem Button „Mein Hamster Goldie“. Stellen Sie sich weiter vor, eines Tages surfen Sie wahllos herum und finden Ihr Gedicht „Die drei Bäume in unserem Garten“ auf der Seite von Gerlinde „Lyra“ H., die dieses Meisterwerk dort als ihr eigenes ausgibt. Würde Sie das freuen?
Doch da gibt es auch noch das Urheberrecht, welches Sie und Ihre Verse schützt. Eine Zivilklage wird vermutlich für Gerlinde H. teuer werden, denn Sie können in diesem Fall Ansprüche auf Beseitigung des Gedichtes, Unterlassung und Zahlung von Schadenersatz durchsetzen. Natürlich wäre es in diesem speziellen Fall sinnvoller, die Dame anzuschreiben und sie höflich zu bitten, „Die drei Bäume in unserem Garten“ von ihrer Seite zu entfernen oder mit Ihrer Zustimmung Ihren Namen darunter zu setzen. Sollte Gerlinde H. dies verweigern, weil sie selbst auch drei Bäume im Garten hat, und behaupten, Gott Apollo höchstpersönlich habe ihr diese Reime diktiert, wäre es sinnvoll, einen Rechtsanwalt einzuschalten.

Siehe dazu §§ 81, 82, 87 und 91 UrhG

Internet-Kostenfalle

Bin ich im Internet in eine Kostenfalle gestolpert, muss ich bezahlen – doch aus Schaden wird man klug.

Letzteres ist auf jeden Fall einmal richtig.
Doch man muss nicht automatisch für seine Unachtsamkeit oder Gutgläubigkeit beim Erkunden einer Homepage bezahlen, die sich zum Teil durch eben jene beiden Eigenschaften ihrer Besucher finanziert, auch nicht die einige Tage später unvermutet einlangende Rechnung. Es kann zum Beispiel sein, dass jemand in der langweiligen Mittagspause ein vermeintliches Gratis-Service im Internet nutzt und mal eben kurz seinen IQ testet (vielleicht weil der Chef diesen Jemand gerade „Idiot" genannt hat und der sich nun selbst etwas beweisen will). Tage später flattert eine Rechnung über 60 Euro über E-Mail in den Posteingang, in welcher zur Zahlung für den Intelligenz-Test aufgefordert wird.
In Österreich werden mittlerweile monatlich zwischen 2.000 und 3.000 derartige Fälle bekannt. Dabei kann die Dunkelziffer gar nicht geschätzt werden, denn nach wie vor werden Rechnungen von vielen Konsumenten bezahlt, die sich nach anfänglichem Ignorieren der Zahlungsaufforderung spätestens vom Brief eines Inkassobüros einschüchtern lassen. Doch gegen solche Vorgehensweisen kann man sich zur Wehr setzen: Ist der Hinweis auf die Kostenpflicht nicht auf der Startseite, sondern erst auf der Anmeldeseite zum Test oder Ähnlichem zu finden (meist ganz unten und klein gedruckt), kann der Vertrag wegen Irreführung angefochten werden. Entweder man teilt dem Unternehmen den Rücktritt vom Vertrag schriftlich mit oder lässt den Vorgang von Konsumentenschützern unter die Lupe nehmen, die einem beratend zur Seite stehen.
Präventiv sollte darauf geachtet werden, was meist unter unzähligen anderen Punkten versteckt in den AGB (Allgemeinen Geschäftsbedingungen) des Anbieters steht. Vorsicht ist auch geboten, sobald

persönliche Daten zur Nutzung des Angebotes erforderlich sind (wobei Größe, Gewicht, Augenfarbe und Angaben zu Vorlieben bei Sexpraktiken wahrscheinlich keine Rolle spielen).

Siehe dazu §§ 5a – 5j KSchG

Spams, Hoaxes und Viren

Spams und Hoaxes sind lästig, Viren gefährlich, doch echten Schutz davor gibt es nicht.

Spams sind in großer Menge versandte, unverlangte E-Mails die meist Werbung enthalten.
„Spam" ist im Ursprung ein Markenname für Dosenfleisch, entstanden 1936 aus SPiced hAM, und bedeutet, wie auch das Synonym „Junk", Abfall oder Müll. Als Begriff für unnötige Wiederholung steht „Spam" seit der Verwendung in einem Sketch der englischen Comedy-Serie „Monty Python's Flying Circus".
Hoax ist die elektronische Form des altmodischen Kettenbriefs mit meist rührseligem Inhalt oder Gewinnversprechen (zum Beispiel: „Wenn Du dieses Mail an 50 alte Freunde schickst, gewinnst Du 20 neue dazu, die Dir zu größtem Glück verhelfen werden!").
Genauso wie Spams belasten diese E-Mails den Server mit unnötigem Datenverkehr und binden Arbeitszeit. Echte Schäden, im Gegensatz zu den Viren, richten sie allerdings nicht an.
Ein Computervirus ist ein Programm, das in der Lage ist, Kopien von sich selbst herzustellen und sich in andere Programme einzupflanzen (sie zu infizieren). Das Virus erfüllt meist eine destruktive Aufgabe und ist oft schwer zu beseitigen. Mögliche Schäden sind harmlose aber störende Bildschirmanimationen (zum Beispiel eine Schnecke mit Schleimspur, die plötzlich über Ihren Bildschirm kriecht),

Zerstörung oder Löschung von Daten, Dateien oder Festplatten-Inhalten, Blockierungen von Programmen und Speicherplatz.
Wie wehrt man sich nun am besten gegen das Mail-Ungeziefer?

- Vor Hoaxes kann man sich nur schwer schützen, die einzige Maßnahme besteht darin, diese zu ignorieren und den Absender zu informieren, dass er einem Hoax aufgesessen ist.
- Für Spams gilt: Hüten Sie Ihre Mailadresse (verwenden Sie unterschiedliche Accounts für Bestellungen, Foren-Beiträge etc.), nutzen Sie die Filter Ihres Mail-Programms, wählen Sie Ihren Mail-Provider nach Anti-Spam-Kriterien aus (er sollte einen Filter auf dem Server anbieten und in den Geschäftsbedingungen Spams verbieten). Antworten Sie nie direkt auf Spams (auf diese Weise erfährt der Spammer, dass Ihre Adresse genutzt wird und er sie an Werbetreibende verkaufen kann).
- Eine weitere Schutzmaßnahme ist der kostenlose Eintrag in die Liste der RTR (Rundfunk & Telekom Regulierungs GmbH), die sie laut *§ 7 ECG* führen muss

Siehe dazu http://www.rtr.at → Telekommunikation → Konsumentenservice → E-Commerce-Gesetz

- Theoretisch muss jeder, der via Aussendung von Massenmails wirbt, die Liste einsehen und darf dort eingetragene Mail-Adressen nicht anschreiben. Allerdings werden die meisten Spammer diese Einträge nicht beachten, außer vielleicht einige seriöse Unternehmen. Eine große Hilfe ist diese „Robinson-Liste" also nicht.
- Vor Viren kann man sich nur bedingt schützen: Antivirenprogramme erkennen meist nur bekannte Viren oder solche, die vom Aufbau und Verhalten her diesen ähneln. Oft werden die Schädlinge auch erst nach der Infektion entdeckt und können nicht im normalen Betrieb entfernt werden.
- Rechtliche Vorgehensweisen gegen Zusendungen von Massen-E-Mails: Die einfachste Möglichkeit ist eine Anzeige nach *§ 107*

TKG. Anzeigen werden schriftlich, per Fax oder per E-Mail von den zuständigen Fernmeldebüros entgegengenommen

Siehe dazu http://www.bmvit.gv.at → *Telekommunikation/Post* → *Internet*

Außerdem kann sich der Empfänger unerwünschter Spams (egal ob privat oder geschäftlich) mit einer Unterlassungsklage auf *§ 354 ABGB* stützen. Oft sitzen die Urheber aber im Ausland und sind schwer bis gar nicht auszukundschaften. Jemand, der mit Spammern im Wettbewerb steht, hat außerdem die Möglichkeit, eine Unterlassungsklage nach *§ 1 UWG* einzubringen. Uneinsichtigen Versendern von Spams wird in letzter Konsequenz der Internet-Zugang gesperrt. Rechtliche Vorgehensweise beim Einschleusen von Viren: Hier liegt ein strafrechtliches Delikt der Datenbeschädigung nach *§ 126a StGB* vor, das allerdings mit Vorsatz und nicht fahrlässig begangen worden sein muss. Die zivile Rechtslage ist dagegen eher diffus, wenn das Virus unwissentlich verschickt wurde und womöglich der Absender nichts von der Virenverseuchung seines eigenen Computers weiß. Voraussetzung jeder Haftung ist in diesem Fall, dass auf Seiten des Versenders ein Verschulden vorliegt. Als Grad des Verschuldens muss zumindest leichte Fahrlässigkeit gegeben sein von der man ausgehen könnte, wenn der Versender auf seinem PC nicht über einen Virenschutz verfügt. Danach stellt sich aber immer noch die Frage des Mitverschuldens, die vor allem dann auftreten wird, wenn man selbst kein Anti-Viren-Programm installiert hat.

Da es sich bei dem Medium Internet noch um ein relativ junges handelt, werden die Gesetze hinsichtlich der rechtlichen Problematiken sicher im Lauf der Zeit noch ausgefeilt und angepasst werden, um den Schutz für den Einzelnen zu verbessern.

Fehlinformation

Falle ich auf eine Fehlinformation im Internet rein, haftet der Verfasser derselben für den mir dadurch entstandenen Schaden.

Nein, o nein, das tut er nicht!
Friederike A. zum Beispiel surfte frohgemut im Internet und stieß dabei auf die Seite eines Gartencenters, auf der sie ein Foto einer Orchidee der Gattung Doritis entdeckte, in die sie sich spontan verliebte. Sie studierte aufmerksam die Pflegeanleitung, in der unter anderem stand, dass die Blume einmal täglich zu gießen sei. Am nächsten Tag marschierte Friederike A. zur Pflanzengroßhandlung und kaufte sieben Stück der Doritis. Zu Hause angekommen, verteilte sie die Orchideen in ihrer Wohnung, stellte sie, wie auf der Internetseite empfohlen, nicht ins direkte Sonnenlicht und warf die Kärtchen mit der Pflegeanleitung ungelesen in den Müll. Sie wusste ja genau, was zu tun war. Einige Tage später stellte Friederike A. erstaunt fest, dass ihre sieben Orchideen begannen, die Köpfe hängen zu lassen. Fürsorglich goss sie jeder einen Schwall Wasser ein und hoffte, dass sie sich erholen würden. Dem war nicht so, da sich das im Internet vertretene Gartencenter geirrt oder einfach nur vertippt hatte. Die Doritis gießt man nämlich am besten einmal wöchentlich, aber nicht einmal täglich.
Es kam, wie es kommen musste, die sieben Pflanzen verstarben in den Armen der erschütterten Orchideen-Freundin. Wutentbrannt suchte Friederike A., nachdem sie den ersten Schock überwunden hatte und ihre Trauer ein wenig abgeklungen war, ihren Anwalt auf, um das Gartencenter auf Schadenersatz aufgrund des finanziellen Verlustes und Schmerzensgeld aufgrund ihrer seelischen Pein zu verklagen.
Doch die arme Frau wurde neuerlich enttäuscht: Wer auf einer Homepage Informationen verbreitet, ist mit keinem der Benutzer ein Vertragsverhältnis eingegangen, somit haftet er auch nicht für die Fehler, die ihm unterlaufen.

§ EU-Mythen

Gefühl der Grenze darf nicht heißen: hier bist du zu Ende, sondern: hier hast du noch zu wachsen.
Emil Gött, deutscher Schriftsteller
(1864–1908)

Seit den 1990ern grassieren die haarsträubendsten Irrtümer und Schauermärchen in Bezug auf die EU. Da gibt es offensichtlich nichts, was es nicht gibt – angefangen von der Blutschokolade, über die Gurkenkrümmungs-Verordnung bis hin zur Marmelade, die in Konfitüre umbenannt werden soll. Dass in der Milka kein Blut, die Gurkenkrümmung Ende der 1960er aus praktischen Gründen der einfacheren Verpackungsmöglichkeit bereits in Österreich normiert wurde und die Marmelade, solang diese nicht exportiert wird, nicht Konfitüre heißen muss, dürfte schon bekannt sein.
Skurril sind natürlich auch die auf Matratzen zu bettenden Rinder (im Nicht-EU-Land Norwegen ist das schon seit 1.1.2006 tatsächlich Vorschrift) und mit Spielzeug zu versorgenden Schweinderln. Auch das ist natürlich – so interpretiert – Unsinn. Es sollen schlicht hygienische Schlafstätten bereitgestellt und unsere rosa Vierbeiner mit Spielmaterial wie Stroh, Holz und Torf beschäftigt werden, wofür gewissenhafte Betriebe ohnedies sorgen, wenn ihnen das Wohl ihrer Tiere und die Qualität der Steaks und Stelzen am Herzen liegen.
Die gängigsten Märchen vom bösen Wolf EU, der die derzeit 27 Mitgliedsstaaten-Geißlein frisst, sollen hier nun aufgeklärt werden. Eines sei jedoch vorweggenommen: Die EU hat nur dann Kompetenzen, wenn sie diese von den Mitgliedsstaaten erhalten hat: Die EU sind wir alle!

Mafia

Die Erweiterung der Europäischen Union öffnet der illegalen Einwanderung und der Mafia Tür und Tor.

So mancher brave Bürger denkt wohl, dass seit einigen Jahren immer mehr Mafiosi Österreich heimsuchen, bevorzugt sind sie Geschäftsführer in Pizzerien und China-Restaurants oder aber Juweliere. Und nicht nur, dass sie unter- und miteinander ihre bösen Spielchen treiben, nein, sie verlangen von den heimischen Wirten, die aus Scham oder Angst natürlich schweigen und nicht zur Polizei gehen, Schutzgeld und drohen sogar damit, Oma Berta den Garaus zu machen, wenn nicht bezahlt wird.
Fakt ist, dass die Passkontrollen an den Grenzen der neuen Mitgliedsstaaten erst im Zuge des Beitritts dieser Länder zum Schengen-Abkommen abgeschafft wurden. Voraussetzung dafür war die Gewährleistung der sorgfältigen Sicherung der jeweiligen Außengrenzen. Dort wird jetzt noch schärfer kontrolliert, nachdem nun an den Binnengrenzen der Europäischen Union die Kontrollen wegfallen – herein kommt nur, wer über ein gültiges Visum verfügt. Da Österreich nunmehr keine Schengen-Außengrenze mehr hat, dürfte die Sicherheit sogar steigen und müsste den braven Bürger eigentlich ruhiger schlafen lassen als je zuvor. Was die jüngsten Verbrechensstatstiken auch belegen. Und dass wir, wie jedes andere Land auch, vor ungebetenen Gästen trotzdem nicht hundertprozentig sicher sind, stimmt wohl. Doch das war schon immer so, und wird auch immer so bleiben – EU hin oder her!

Ausländer und Verbrecher

Die EU-Erweiterung führt zur Massenzuwanderung aus Osteuropa. Die Hälfte der Ausländer sind Verbrecher, die andere Hälfte nimmt uns Arbeitsplätze weg.

Bei einigen Österreichern hat sich anscheinend die Meinung festgesetzt, dass die Bürger der ehemaligen Ostblockstaaten zu uns kommen, um hier ihr Sackgewand abzuwerfen, in goldene Roben zu steigen und in diesen, weil sie den Hals nicht voll bekommen können, Autos aufzubrechen und in Häuser einzusteigen. Andere befürchten, dass ein Pole ihnen schon morgen den heiß begehrten Job als Gärtner beim global agierenden Konzern vor der Nase wegschnappt, nur weil er um die Hälfte weniger Lohn verlangt.
Zur Aufklärung:

- Verbrechen werden sowohl von In- wie auch von Ausländern verübt.
- Um seinen Arbeitsplatz muss niemand bangen, denn erstens steigt das Lohnniveau in den „ärmeren“ EU-Staaten kontinuierlich, zweitens ist in Österreich jeder Arbeitgeber an den Kollektivvertrag gebunden und hat diesen einzuhalten.

Außerdem gibt es für den Arbeitnehmerzuzug Übergangsfristen, die bis 2009 gelten und im Fall einer schlechten Lage auf dem Arbeitsmarkt maximal bis 2011 beibehalten werden können.

EU-Regeln

Die Länder aus Mittel- und Osteuropa nehmen es mit den EU-Regeln nicht so genau.

„Gleiches Recht und gleiche Pflichten für alle“ – das ist das Motto jedes Gesetzestreuen, auch wenn die Priorität bei jedem Menschen mit

Sicherheit beim Recht liegt. Und bei den Pflichten schielen wir eben gern auf den Nachbarn, ob dieser die Regeln auch einhält und befolgt, genauso brav wie wir eben.
Die „neuen“ EU-Länder sind braver als die meisten anderen – so schaut's nämlich aus. Sie schneiden bei der Umsetzung der Brüsseler Regeln besser ab als viele „alte“ Mitgliedsstaaten. Brüssel nimmt die Umsetzung der EU-Richtlinien, deren Umsetzungsdefizit maximal ein Prozent betragen soll, regelmäßig unter die Lupe – schummeln gibt's also nicht.

Konzerte

Klassische Konzerte müssen in Zukunft leiser gespielt werden.

Mit klassischer Musik verbindet jeder von uns Kunstgenuss und Entspannung, und je lauter das Konzert und je intensiver die Vibrationen (= Schallwellen), desto höher die Emotion.
Doch was für die einen Freude und Genuss, ist für die anderen harte Arbeit. Daher gibt es eine EU-Richtlinie, die Auflagen für die maximale Lautstärke am Arbeitsplatz betreffen, welche seit Mitte Februar 2008 auch für den Unterhaltungssektor gilt. Hierbei ist aber nicht das Ziel, den Hörgenuss für den Konsumenten zu schmälern, sondern die Musiker und ihr Gehör zu schützen, denn diese spielen ja nicht nur Ihnen etwas vor, sondern sind mit Proben und privatem Üben täglich im Schnitt mindestens fünf Stunden lang dem Lärm ausgesetzt.
Messungen der Arbeitsinspektion und der Allgemeinen Unfallversicherungsanstalt ergaben bei Musikern in Symphonie- und Opernorchestern Schalldruckpegel, die deutlich über den Werten liegen, ab welchen man von einer Schädigung des Gehörs ausgeht. Bei 87 von 194 untersuchten Gehörgängen stellte man eine Anhebung der Hör-

schwelle, also eine Schädigung des Gehörs durch Lärm fest, die als Berufsfolge gewertet wurde.
Daran sollten Sie denken, wenn Sie sich daran erinnern, wie Sie das letzte Mal nach einem Konzert etwas benommen und hörschwach den Veranstaltungsort verließen und drei Mal nachfragen mussten, als Ihr Begleiter Sie nach der Uhrzeit fragte.

Siehe dazu http://www.arbeitsinspektion.gv.at
→ Arbeitsstätten/Arbeitsplätze → Lärm

Umweltstandards

Die hohen österreichischen Umweltstandards sind wegen der EU nicht zu halten.

Kein Mensch sollte ernsthaft glauben können, dass die EU schlampiger mit dem wichtigsten Gut, das wir haben, nämlich der Natur, umgeht als jeder Mitgliedsstaat für sich.
Das Gegenteil ist viel eher der Fall: Österreich zum Beispiel musste im Zuge des Beitrittes 1995 manche Umweltstandards sogar verschärfen, weil die EU striktere Regeln hatte (siehe Nitratrichtlinie). Jüngstes Projekt der Brüsseler Umweltgesetzgebung ist das Chemikalienpaket REACH, das mit 1. Juni 2007 in Kraft getreten ist. Es handelt sich dabei um eine Verordnung, die auf dem Grundsatz der Eigenverantwortung der Industrie basiert, wonach nur noch chemische Stoffe, die vorher registriert worden sind, in Verkehr gebracht werden dürfen. Das heißt: Wird eine besorgniserregende Chemikalie (zum Beispiel bei der Herstellung von Kinderspielzeug, Kleidung, Computer etc.) in Österreich verwendet, produziert oder damit gehandelt, müssen die Unternehmen belegen können, dass dieser Stoff weder die Gesundheit der verarbeitenden Personen und der

Endverbraucher noch die Umwelt belastet. Hierbei besteht Informations- und Meldepflicht über den gesamten Lebenszyklus der Chemikalie, von der Herstellung über die Verwendung bis zur Entsorgung. Zusätzlich betrifft diese Verordnung auch Erzeugnisse mit freiwerdenden Stoffen (beispielsweise Duftkerzen). Für den Endverbraucher bedeutet dies größtmögliche Sicherheit beim Umgang mit chemisch verarbeiteten Produkten, Sie müssen hinkünftig also weder Angst um Klein Jonny haben, der so gern an seinem Plastikkran nuckelt, noch um Oma Frida, die täglich – vor allem im Winter – ihr Wohnzimmer mit Düften aller Art in eine Blumenwiese verwandelt.

Trinkwasser

Brüssel will unser Trinkwasser verscherbeln.

Manch einer sieht schon heute vor seinem geistigen Auge eine Pipeline von Österreich nach Saudi Arabien führen und reiche Ölscheiche unser köstliches Nass trinken (das dürfen die natürlich auch, aber nur, wenn sie gerade in Österreich zu Besuch sind oder kistenweise Flaschen, abgefüllt mit unserem Wasser, in ihre Heimat transportiert haben).
Sicher ist, dass die EU nicht in die Eigentumsverordnung ihrer Mitglieder eingreifen kann. Und das wird auch so bleiben!

Zu allen EU-Märchen siehe Infomaterial der Wirtschaftskammer Österreich: *http://www.wko.at/eumythen*

§ Begriffserklärungen

Aber die Sprache um ein Wort ärmer machen heißt, das Denken der Nation um einen Begriff ärmer machen.
Arthur Schopenhauer, deutscher Philosoph
(1788–1860)

Wir alle schmeißen gern mit Begriffen und Redewendungen um uns, manchmal auch ohne deren genaue Bedeutung zu kennen. Man hört oder liest etwas, speichert es ab und verwendet es falsch weiter. Und dann ist die Blamage perfekt, auch wenn uns das Gegenüber nicht spüren lässt, dass er weiß, dass wir nicht wissen, was wir sagen wollten, mit dem, was wir gesagt haben.
Oft ist es aber auch so, dass die Bedeutung eines Begriffes im gängigen Sprachgebrauch einfach unscharf geworden ist und statt mit klarer Definition nur noch als allgemeines Gebrauchswort mit verwaschener Aussage existiert.
Hier nun ein paar der gängigsten Beispiele für die Verwendung solcher im Umlauf befindlichen Begriffe im Zusammenhang mit dem Gesetz:

Beweislastumkehr
Das ist keine physikalische Formel, die in der Rechtsprechung angewandt wird, wenn es darum geht, jemandem etwas in die Schuhe zu schieben oder ihm diese gänzlich auszuziehen.
Vielmehr bedeutet der Begriff (der in mehreren Rechtsbereichen anzutreffen ist) generell, dass entgegen der üblichen Beweislastregeln die Gegenseite den Beweis zu erbringen hat, womit die Beweislast umgekehrt ist.
Die Beweislastumkehr gilt unter anderem auch für die Rückgabebe-

stimmungen (Gewährleistung) mangelhafter Ware. Noch vor einigen Jahren musste man beim Retournieren einer Ware, die sich im Nachhinein als beschädigt erwies, den Beweis erbringen, dass der Schaden bereits bei der Übergabe vorhanden war. Nun aber kann sich ein Verkäufer nicht mehr so einfach abputzen, denn bis zu sechs Monate nach Erwerb wird vermutet, dass die Ware bereits zum Zeitpunkt des Kaufes mangelhaft gewesen ist, sodass relativ einfach ein Austausch oder eine Mängelbehebung durchgesetzt werden kann. Bewiesen werden muss nur noch das tatsächliche Bestehen des Schadens. Erst nach Ablauf der sechs Monate greift die gesetzliche Vermutung nicht mehr, dann ist innerhalb der gesetzlichen Gewährleistungsfrist von insgesamt zwei Jahren (bei beweglichen Gütern) der Beweis vom Käufer zu erbringen.

Siehe dazu §§ 924 und 1298 ABGB

Bierdeckelformel

Was haben ein Bierdeckel und die Steuer seit 1.1.2005 gemeinsam? Wurde etwa vom Finanzminister vor rund drei Jahren still und heimlich beschlossen, dass man nicht nur für jedes wohlverdiente Glas Bier Steuer zahlen muss, sondern auch dafür, dass man dieses auf den vom Kellner meist diensteifrig unter den Krug geschobenen Deckel platziert? Oder handelt es sich um eine Sondersteuer für Bierdeckelsammler?

Richtig ist, dass seit oben genanntem Datum die Einkommensteuer nach der so genannten Bierdeckelformel berechnet wird, was vermittelt, dass der einfache Vorgang so wenig Platz benötigt, wie auf einem Bierdeckel vorhanden ist.

Siehe dazu
http://www.bmf.gv.at → Mein Finanzamt → Berechnungsprogramme

Blaulichtsteuer

Wer denkt, dass die Blaulichtsteuer nur dann fällig ist, wenn man ohne triftigen Grund die Polizei ruft, der irrt.
Wer nach einem Unfall, bei dem kein Personen- oder auch Wildtierschaden entstanden ist oder sich der Unfallgegner nicht lallend weigert, seinen Namen zu nennen (entweder weil er nicht will oder sich nicht mehr daran erinnert), muss den pflichtbewusst herangeeilten Beamten 36 Euro bezahlen. Wenn beide an der Kollision mit bloßem Sachschaden Beteiligten die Unfallaufnahme und das Protokoll verlangen, ist diese Blaulichtsteuer zwei Mal zu entrichten.

Siehe dazu § 4 Abs. 5b StVO

Diversion

Manche Kinder machen den Eltern und dem Gesetzgeber Sorgen. Leider kommt es immer häufiger vor, dass die „Kleinen" aus Langeweile, Übermut, aufgrund von Gruppenzwang oder auch aus Bösartigkeit eine Dummheit begehen und strafrechtlich zur Verantwortung gezogen werden müssen. Und das ist in Österreich bereits ab Vollendung des 14. Lebensjahres möglich.
Nun steht ein junger Mensch vor Gericht, und der Staatsanwalt schlägt eine Diversion vor, Mama und Papa schlagen die Hände über dem Kopf zusammen und jammern „Um Gottes Willen, jetzt kommt das Kind ins Gefängnis. Alle werden mit dem Finger auf uns zeigen."
Halt! Eine Diversion ist etwas Positives! Es ist ein strafrechtliches Mittel, um bei Ersttätern, beziehungsweise leichten oder mittelschweren Delikten und ausreichend geklärtem Sachverhalt, eine Eröffnung des richterlichen Strafprozesses zu unterlassen und die Tat durch Absehen von einer Strafverfolgung abzuhandeln. In der Regel ist damit die Verhängung erzieherischer Maßnahmen verbunden, wie zum Beispiel die Verpflichtung zu gemeinnützigen Arbeiten, sowie der außergerichtliche Ausgleich mit dem Geschädigten die eingetretenen Tatfolgen betreffend (zum Beispiel Schmerzensgeld bei Körperverlet-

zung). Die Diversion kann allerdings nur mit ausdrücklicher Zustimmung des oder der Verdächtigen durchgeführt werden.
Sollte der reuige Jugendliche alles brav erledigen, wird danach das Strafverfahren endgültig eingestellt. Es wird von der Eintragung ins Strafregister abgesehen, wohl aber in eine justizinterne Registrierung für die Dauer von fünf Jahren erfolgen.

Siehe dazu §§ 7 ff JGG und § 198 StPO

Entschuldigender Notstand

Nein, entschuldigender Notstand ist nicht das, was Sie denken!
Es bedeutet keinesfalls, dass ein Mann oder eine Frau einen Vertreter des anderen Geschlechtes einfach so begrapschen oder über ihn herfallen darf, mit der Rechtfertigung „Ich hatte schon so lang nichts mehr laufen und bin eben liebestechnisch total ausgehungert!". Entschuldigender Notstand bedeutet, dass man zum Schutz von Leib und Leben, Eigentum und Ehre seiner eigenen Person oder auch anderer, Maßnahmen vornehmen kann, die normalerweise Straftaten darstellen.
Natürlich muss eine Verhältnismäßigkeit gegeben sein, das heißt, man darf niemanden töten, nur weil er beleidigend war oder einem das Auto zerkratzt hat. Das Recht zu leben steht selbstverständlich über dem des Eigentums und der Ehre. Eine sorgfältige Interessensabwägung ist jedenfalls vonnöten, sonst kann der Schuss leicht nach hinten losgehen. Voraussetzung ist immer ein unmittelbar drohender, bedeutender Nachteil. Wäre die Handlung schon abgeschlossen, würde kein Notstand vorliegen.
Zwei Beispiele zur Verdeutlichung:

- Ich darf in einer 50er-Zone mit 70 Sachen fahren, um eine verletze Person ins Krankenhaus zu bringen, keinesfalls aber, um meinem kollabierenden Wellensittich Hansi das Leben zu retten.
- Ich darf ein Schloss aufbrechen, wenn ich bei klirrender Kälte halb erfroren vor einer fremden, verschlossenen Hütte stehe, nicht aber,

wenn meine Unterkunft nur eine halbe Stunde Fußmarsch entfernt liegt, oder ich, weil bei mir zu Hause Chaos herrscht, dort mit meiner Freundin in gemütlicher Atmosphäre ein Schäferstündchen verbringen will (damit es zu keiner Verwechslung kommt: Das wäre dann der andere Notstand).

Siehe dazu § 10 StGB

Fahrlässig

Das ist im Gegensatz zu „fahr lässig“ keine Aufforderung an einen Mann, mit einer Zigarette im Mundwinkel durch die Gegend zu cruisen, Ellenbogen auf dem runtergekurbelten Autofenster, damit ihn zahlreiche neidische und bewundernde Blicke anderer Verkehrsteilnehmer treffen, die er dann betont gelangweilt erwidern kann.
Ganz und gar nicht! Fahrlässig handelt jemand, der die erforderliche Sorgfalt außer Acht lässt, zu der er, den Umständen und seinen Fähigkeiten entsprechend, verpflichtet wäre. Die Fahrlässigkeit grenzt sich vom Vorsatz dadurch ab, dass das Produkt der Handlung nicht gewollt ist.
Wenn nun zum Beispiel der gemeingefährliche Fahrzeuglenker, der als Geisterfahrer unterwegs ist, einen Unfall verursacht, bei dem ein anderer Verkehrsteilnehmer ums Leben kommt, handelt es sich dabei um eine fahrlässige Tötung. Hier ist mit einer Freiheitsstrafe von bis zu einem Jahr zu rechnen.

Siehe dazu §§ 5, 6 und 80 StGB

Friedenszins

Handelt es sich beim Friedenszins um Mehrkosten bei der Miete, die man bezahlt, damit einen die alteingesessene Nachbarschaft in Ruhe lässt und nicht gleich wegen ein wenig Partygelächter um Mitternacht die Polizei ruft? Oder ist es eine Art Schutzgeld, das man einem schmierigen Kerl zusteckt, damit er nicht seine Kollegen ruft, die

schon in den Büschen darauf lauern, in die Wohnung einzubrechen, diese zu verwüsten und alles abzutransportieren, was nicht niet- und nagelfest ist?
Nichts dergleichen. Der Friedenszins, heute als Mindestmiete oder Altmietzins bezeichnet, ist der gesetzlich geregelte Zins für Wohnungen oder Geschäftsräume auf der Grundlage des vor dem Ersten Weltkrieg vereinbarten Mietzinses basierend (Stichtag 1. August 1914). 1917 waren fast drei Viertel aller Ein- und Zweizimmerwohnungen in Wien überbelegt, und nach massiven Protesten wurde von der Regierung der Mietzinsstopp („Friedenszins") verhängt.
Heute betrifft diese Bezeichnung Altverträge, die vor dem 1. März 1994 geschlossen wurden, bei welchen eine Mindestmiete verlangt werden kann.

Siehe dazu § 45 MRG

Gefahr im Verzug

„Gefahr im Verzug", wispert ein Bankangestellter seinem Kollegen zu und deutet mit einer Kopfbewegung in Richtung Eingangstür, durch die ein schwarz gekleideter Mann mit Sonnenbrille und einem Plastiksack in der Hand, die Filiale betritt, wobei er sich mit fahrigen Bewegungen den Schweiß von der Stirn wischt und gehetzte Blicke in alle Richtungen wirft. Damit ist in dieser Situation, die, wie ich zugeben muss, äußerst beängstigend ist, wohl gemeint, Gefahr sei im Anzug, im Anmarsch.
Doch die Bedeutung der Aussage „Gefahr im Verzug" ist eine andere, nämlich, dass Gefahr droht und Schaden verursacht werden könnte, wenn weiterer Verzug eintritt, man also nicht sofort handelt.
Wenn zum Beispiel jemand der Steuerhinterziehung verdächtigt wird und von der Finanzstrafbehörde eine Hausdurchsuchung angeordnet wurde, können Beweismittel wie Geschäftsbücher, Aufzeichnungen und Belege beschlagnahmt werden. Andere Unterlagen, die auf die Begehung eines Finanzvergehens schließen lassen, dürfen nur dann

mitgenommen werden, wenn Gefahr im Verzug ist, das heißt, wenn anzunehmen wäre, dass durch das Belassen der Papiere an Ort und Stelle dessen Besitzer sie später vernichtet.

Siehe dazu § 96 FinStrG und § 38 StPO

Gemeingefährlich

So nennt man keineswegs Menschen, die gemein und, als würde das nicht schon genügen, auch noch gefährlich sind – dies vielleicht sogar auf eine gemeine Art und Weise. Es heißt auch nicht, obwohl es umgangssprachlich so verwendet wird, dass jemand oder etwas besonders gefährlich ist.

Nein, es bedeutet viel mehr, dass die Allgemeinheit gefährdet wird, also eine konkrete Gefahr für eine größere Anzahl von Menschen (ab etwa zehn Personen) oder Sachwerte in großem Ausmaß besteht. Insgesamt muss jedenfalls eine gewisse wertmäßige Erheblichkeitsgrenze überschritten werden.
Zu gemeingefährlichen Straftaten zählen Brandstiftung, schwere Beeinträchtigung durch Lärm, Beeinträchtigung der Umwelt, Gefährdung von Menschen durch übertragbare Krankheiten, Gefährdung des Tier- und Pflanzenbestandes und so weiter.
Beispiele für Gemeingefährdungen in der Praxis wären eine Geisterfahrt auf der Autobahn oder die Zerstörung von Lawinenschutzverbauten.

Siehe dazu §§ 169 – 187 StGB

Grober Unfug

Keine Sorge, wenn Sie gelegentlich ein wenig Unfug treiben und damit Ihren Mitmenschen auch manches Mal auf die Nerven gehen, selbst wenn Sie fallweise ein wenig grob dabei werden, ist das kein grober Unfug, sondern lediglich ein wenig kindisch.
Anders sieht es dann schon aus, wenn Sie damit die Allgemeinheit belästigen, also zum Beispiel völlig entblößt durch die Innenstadt laufen und dabei laut singen „Mein Körper ist der nackte Wahnsinn" (wobei das Liedchen gar nicht nötig wäre, um für eine solche Ordnungswidrigkeit bestraft zu werden).
Den Tatbestand des „groben Unfuges" gibt es im Gesetzestext heute nicht mehr, die Deliktsform wurde umgewandelt in „Belästigung der Allgemeinheit".

Siehe dazu § 189 StGB (bei Religionsausübung)
und *§ 81 SPG (Sicherheitspolizeigesetz)*

Hacklerregelung

Hackeln bis zum Umfallen – das will niemand. Daher gibt es für alle Arbeitenden die so genannte Hacklerregelung.
Diese erlaubt allerdings keineswegs, dass man mit heraushängender Zunge und hervorquellenden Augäpfeln armerudernd zum Chef rennen und einfach sein Nach-Hause-Gehen ankündigen kann. Vielmehr ermöglicht diese Regelung Frauen mit 480 und Männern mit 540 Sozialversicherungsbeitrags-Monaten – wobei 60 Ersatzmonate für Kindererziehung und bis zu 30 Ersatzmonate für Präsenzdienst berücksichtigt werden – eine vorzeitige Alterspension wegen langer Versicherungsdauer schon vor dem erhöhten Antrittsalter in Anspruch zu nehmen (der frühestmögliche Pensionsbeginn ist vom Geburtsdatum abhängig).

Siehe dazu http://www.sozialversicherung.at

Kavaliersdelikt

Als Kavaliersdelikt bezeichnet man nicht etwa einen Ladendiebstahl, den ein überaus höflicher Mann mit guten Manieren begeht, sondern eine gesetzeswidrige „Lapalie“, mit der manch einer sogar mit stolz geschwellter Brust im Freundeskreis angibt: „Gestern hab' ich die Bahn wieder ausgetrickst und keine Fahrkarte gekauft. Die sind selbst schuld, wenn man schwarzfährt, weil sie dauernd ihre Preise erhöhen.“
Doch auch ein als Kavaliersdelikt empfundener Verstoß gegen das Gesetz, in hier genanntem Fall die Erschleichung einer Leistung, wird durchaus mit empfindlich hohen Bußgeldern bestraft. Deshalb sollte man für Dienstleistungen, die man in Anspruch nimmt, auch bezahlen, und stattdessen, wie ein echter Kavalier eben, der nächsten Mutti helfen, den sperrigen Kinderwagen samt quengelndem Baby in den Zug zu hieven.
Früher bezeichnete man übrigens die Vergehen von Adeligen, für welche die Gesetze nicht galten, als Kavaliersdelikt.

Körperschaftssteuer

Wofür, bitte, bezahlt man Körperschaftssteuer? Handelt es sich dabei etwa um eine zusätzliche Belastung beleibter Menschen, wobei jedes Kilo Fett steuerlich prozentuell anschlägt?
Nein, so dick ist es (noch) nicht gekommen. Körperschaften sind Gebilde, die als solche selbstständige Träger von Rechten und Pflichten sind und damit über eine eigene Rechtspersönlichkeit verfügen.
Als solche gelten juristische Personen des privaten Rechtes (dazu zählen die AG, die GmbH, Genossenschaften und Vereine), und die des öffentlichen Rechtes (Bund, Länder und Gemeinden, Kammern, Sozialversicherungsträger, gesetzlich anerkannte Religionsgemeinschaften und so weiter), wobei letztere nicht steuerpflichtig sind, außer, sie unterhalten einen Betrieb gewerblicher Art (wenn zum Beispiel eine Gemeinde ein Gasthaus betreibt).

Siehe dazu §§ 93 – 97 EStG 1988

Kriminalisierung

Es kommt vor, dass ein braver Bürger, der stolz darauf ist, in seinem ganzen Leben noch nie einen Verstoß gegen das Gesetz begangen zu haben, empört berichtet, dass er von einem Polizisten wegen einer Bagatelle („Ich bin mit 40 Sachen durch eine 30er-Zone gefahren, so schlimm ist das doch auch wieder nicht") unfreundlich und grob behandelt wurde („Und zahlen hab' ich auch noch müssen!"). Der sich zu Unrecht barsch getadelt Fühlende meint – in seiner Ehre gekränkt und mit dem verletzten Stolz eines sonst gewissenhaften Verkehrsteilnehmers – sein kaum beredenswertes Hoppala wäre von dem Beamten regelrecht kriminalisiert worden. Denselben Vorwurf hört man hin und wieder auch von diversen Kleinganoven, die ihre Tat eher für ein Kavaliersdelikt halten, und es empörend finden, dass sie deshalb vor Gericht gezerrt werden.

Dabei versteht man unter Kriminalisierung nichts anderes als das Strafbarmachen von Handlungen, die davor erlaubt waren oder nicht geahndet wurden. Schlussrichtig bedeutet also Entkriminalisierung die Legalisierung einer Tat, die früher als Verstoß gegen das Gesetz galt. Als Beispiel für Letzteres sei genannt, dass vor 1971 einvernehmliche homosexuelle Handlungen zwischen Erwachsenen noch strafbar waren.

Kurpfuscherei

Das bedeutet nicht, dass das Personal in dem Zentrum, in dem der schwergewichtige Onkel Peter sportlich gefordert werden und gesünder Essen lernen sollte, gepfuscht hat, weil er nach seiner Heimkehr immer noch eine große Plauze vor sich herträgt. Ebenso wenig ist eine bereits welke, aber noch recht agile Mittsechzigerin eine Kurpfuscherin, die sich Opa Hans während seines Aufenthaltes in einem renommierten Sanatorium an den Hals wirft und mit ihrem Liebesgesäusel seine Ehe gefährdet. Es handelt sich dabei vielmehr um die Ausübung des ärztlichen Berufes ohne erforderliche Kenntnisse. Wer also außerhalb seines Liebeslebens in Bezug auf eine größere Zahl von

Menschen Onkel Doktor spielt, ohne medizinisch dafür ausgebildet worden zu sein, und auch noch Geld dafür kassiert, kann dafür ins Gefängnis wandern.

Siehe dazu § 184 StGB

Mundraub

Der Begriff Mundraub im Zusammenhang mit einer Straftat wird in Österreich umgangssprachlich zwar hin und wieder verwendet, im Strafgesetzbuch ist er bei uns jedoch nie zu finden gewesen (im Gegensatz zu Deutschland, wo der Mundraub bis 1975 eine eigenständige Deliktsform war).
Wie sieht nun das Vergehen aus, das mit so einem unsinnigen Begriff bezeichnet wird, der impliziert, dass hierbei anscheinend bösartige Lippenfladerer am Werk sind? Ganz einfach: Wenn Sie wieder einmal mit Ihrem fast manövrierunfähigen Einkaufswagerl durch den Supermarkt hasten und in der Obstabteilung auf einen Menschen treffen, der gerade eine Beere von der Weintraube pflückt und sie sich genüsslich in den Mund schiebt, dann stehen Sie von Angesicht zu Angesicht dem gemeinen Mundräuber gegenüber.
Dazu die Definition des Gesetzgebers: Entwendung oder Unterschlagung von Nahrungs- oder Genussmitteln oder von anderen Gegenständen des hauswirtschaftlichen Gebrauchs in geringer Menge oder von unbedeutendem Wert zum alsbaldigen Verbrauch. Aus naheliegenden Gründen werden diese Diebstähle so gut wie nie angezeigt.

Siehe dazu § 141 StGB Abs. 1

Ohne Gewähr

Bei dem Wort „Gewähr“ handelt es sich keineswegs um eine Schusswaffe mit Rechtschreibfehler, „ohne Gewähr“ ist allerdings auch nichts Positives (obwohl man das meinen sollte, wenn man dabei immer noch an die Schrotflinte denkt).

Jeder von uns kennt den Satz „alle Angaben ohne Gewähr", den wir wohl am häufigsten im Zusammenhang mit den Lottozahlen hören, und der nichts anderes bedeutet, als dass die Menschen im TV oder Radio, welche nicht direkt an der Ziehung beteiligt sind, sondern die sechs Richtigen nur nachplappern oder irgendwo ablesen, keine Garantie dafür übernehmen, dass die Zahlen auch stimmen.
Das heißt also: Wenn wir mit schweißnassen Händen und in Richtung Luxusvilla mit Swimmingpool schweifenden Gedanken die „sechs Richtigen" vorgelesen bekommen (allerdings nicht von der bei der Ziehung anwesenden Lottofee höchstpersönlich) und am nächsten Tag nach Aufklärung des Irrtums aus Wut und Enttäuschung beinahe einen Herzinfarkt erleiden, können wir niemanden dafür verantwortlich machen. Schade eigentlich!

Patientenverfügung

„Ich verfüge, dass Oma Wilhelmine in einem anderen Krankenhaus untergebracht wird, da ihr der alte Lüstling von Station vier nachsteigt, und sie sich nicht dagegen wehren kann. Außerdem sind alle Schwestern, die sie pflegen, böse zu ihr. Das hat sie mir selbst gesagt."
Das ist also die Patientenverfügung, oder?
Natürlich nicht! Vielmehr handelt es sich dabei um eine Willenserklärung betreffend medizinische Vorkehrungen, die eine Person eigenhändig abgibt, für den Fall, dass sie zum Zeitpunkt der Behandlung nicht mehr im Stande ist, ihre Wünsche zu äußern. Die Voraussetzungen dafür sind, dass der Verfüger voll einsichts- und urteilsfähig ist, dass er konkret äußert, welche medizinischen Maßnahmen abgelehnt werden, dass die umfassende Aufklärung vom Arzt dokumentiert und dass eine Belehrung bezüglich des Widerrufes dieser Verfügung erfolgt ist. Außerdem muss die Verfassung dieses Schriftstückes vor einem Rechtsanwalt, Notar oder rechtskundigen Mitarbeiter einer Patientenvertretung erfolgen.

Siehe dazu § 10 Abs. 1 Z 7 KAKuG

Playboygrenze

Worum könnte es sich, im Zusammenhang mit dem Kindesunterhalt (und da ist selbstverständlich nicht das Grimassen-Schneiden und Sich-zum-Affen-Machen im Beisein eines Kleinkindes gemeint), bei dem Begriff Playboygrenze handeln? Bedeutet es vielleicht, dass die Zahlungen vom Papa zu hoch sind, wenn sich der heranwachsende Junior mit dem Geld gewisse Magazine leisten kann, die er dann unter dem Bett versteckt, damit die Mama sie nicht findet? Oder betrifft diese Playboygrenze vielmehr Daddys kleine Prinzessin, die von ihrem anbetungswürdigen Erzeuger so finanzkräftig unterstützt wird, dass sie einen arbeitsscheuen Lebenskünstler, der nebenher noch fünf weitere Damen mit seinen genialen, philosophischen Ergüssen zum Thema „Arbeit" im Zusammenhang mit „Ausbeutung" beglückt, mit durchfüttern kann?

Beides stimmt. Die Rechtsprechung ist der Meinung, dass zu hohe Unterhaltszahlungen eine negative Auswirkung auf die Erziehung des Kindes haben. Der Prozentsatzunterhalt darf bei Kindern unter zehn Jahren das Zweifache, bei Kindern über zehn Jahren das Zweieinhalbfache des Unterhalts, der sich aus dem Regelbedarfssatz ergibt, nicht überschreiten.

Der Regelbedarfssatz (auch Durchschnittsbedarfssatz genannt) wird durch eine amtlich vorgenommene Konsumerhebung errechnet und jährlich verlautbart.

Siehe dazu § 140 ABGB

Außerdem *http://www.scheidung.at* → *Kindesunterhalt*

Rechtsweg ist ausgeschlossen

Der Rechtsweg ist ausgeschlossen bedeutet natürlich nicht, dass man an einer Kreuzung nicht nach rechts gehen oder fahren darf (außer es steht dort ein dementsprechendes Verkehrsschild). Dieser kleine Satz, den man häufig bei Gewinnspielen liest oder hört, soll Betrof-

fene lediglich daran hindern, aufgrund einer Entscheidung rechtliche Schritte einzuleiten, also den Rechtsweg zu beschreiten.
Ein Irrtum ist allerdings, dass diese Formulierung etwas verbietet. Wenn der Eindruck entsteht, dass etwas nicht mit rechten Dingen zugeht, ist es jederzeit erlaubt, damit vor Gericht zu ziehen – ob dieser Weg allerdings zum Ziel führt, sei dahingestellt.

Rufmord

„Sie haben meinen Ruf ruiniert", schreit der Mann mit hochrotem Gesicht, „dafür bring' ich sie ins Gefängnis, lebenslang!" Doch nachdem es den Begriff „Rufruinierung" in der deutschen Sprache nicht gibt, nennt man jede Art der Verleumdung, der üblen Nachrede oder der Diskreditierung (Indiskretion, Verbreitung von Gerüchten) eben Rufmord.
Anders als die Rufschädigung, bei der dem Ansehen eines Menschen nur geschadet wird, scheint beim Rufmord für den Betroffenen alles verloren zu sein (so nach dem Motto „Ich kann mich nie wieder irgendwo blicken lassen") – zumindest in dem Moment, in dem man von der verbalen Attacke erfährt. Strafbar sind diese Formen der Ehrverletzung allerdings nur dann, wenn sich die Anschuldigungen als falsch erweisen. Ich darf also zum Beispiel Felix F. einen gemeinen Betrüger schimpfen, wenn er mich erwiesenermaßen betrogen hat, nicht aber, wenn ich nur das Gefühl habe, er hätte es getan, und das nicht bewiesen werden kann.
Ich habe mich allerdings auch schon gefragt, warum es den Begriff „Ruftotschlag" nicht gibt, also wenn man quasi im Affekt, in der Hitze des Gefechtes …

Siehe dazu:
Üble Nachrede § 111 StGB
Beleidigung § 115 StGB
Kreditschädigung § 152 StGB
Verleumdung § 297 StGB

Spekulationssteuer
Täglich wird spekuliert. Ob die „Wer-weiß-es-schon-so-genau-aber-ich-glaube“-Überlegung nun das Wetter von morgen, oder die Stabilität einer Beziehung zwischen zwei Menschen betrifft – manchmal sind die Fakten einfach zu langweilig.
Wesentlich emotionaler werden Spekulationen, wenn Geld im Spiel ist, egal, ob im Casino gesetzt oder auf die nette Tante Emma, die sehr alt und sehr wohlhabend ist, gezählt wird. Riskant wird die Angelegenheit, sobald hohe Geldbeträge eine Rolle spielen. Manche Menschen hoffen auf finanziellen Erfolg im Bezug auf die Entwicklung der Börse, andere wiederum kaufen wertvolle Gegenstände und rechnen mit hohen Gewinnen beim Verkauf derselben.
Wird man nun vom Staat tatsächlich gezwungen, Spekulationssteuer zu entrichten, sobald man nach einer endlos scheinenden Zitterpartie endlich die erhoffte Geldsumme in Händen hält? Wobei es sich übrigens nicht um eine eigene Abgabe, sondern um die Einkommensteuer handelt, die bei Vorliegen eines so genannten „Spekulationsgeschäftes“ anfällt.
In manchen Fällen ja! Nämlich dann, wenn private Wirtschaftsgüter veräußert und bestimmte Fristen zwischen Anschaffung und Veräußerung nicht überschritten werden, das heißt, wenn etwas gekauft wird und relativ rasch mit Gewinn wieder verkauft werden soll.
Zu diesen Gegenständen zählen unter anderem Immobilien, Antiquitäten, Kunstwerke oder Sammlungen und private Wertpapiere. Die Fristen betragen bei bebauten oder unbebauten Grundstücken zehn bis 15 Jahre, bei anderen privaten Wirtschaftsgütern ein Jahr.

Siehe dazu § 30 EStG 1988

Wichtige Adressen

Österreichischer Rechtsanwaltskammertag
Tuchlauben 12, 1010 Wien
Tel.: 01/535 12 75-0
Fax: 01/535 12 75-13
rechtsanwaelte@oerak.at
http://www.rechtsanwaelte.at
Hier zu erfragen sind auch die jeweiligen Kammern in den Bundesländern

Österreichische Notariatskammer
Landesgerichtsstraße 20, 1010 Wien
Tel.: 01/402 45 09
Fax: 01/406 34 75
kammer@notar.or.at
http://www.notar.at
Hier zu erfragen sind auch die jeweiligen Kammern in den Bundesländern

Gesellschaft für Mediation im Notariat
Landesgerichtsstraße 20, 1010 Wien
Tel.: 01/402 45 09 -32
Fax: 01/406 34 75
mediation@notar.at

Bundesarbeiterkammer
Prinz Eugen-Straße 20 – 22, 1040 Wien
Tel.: 01/501 65-0
Fax: 01/501 65-2230
http://www.arbeiterkammer.at
Hier zu erfragen sind auch die jeweiligen Kammern in den Bundesländern

Österreichische Mietervereinigung
Reichsratstraße 15, 1010 Wien
Tel.: 01/401 85
Fax: 01/401 85-33
http://www.mietervereinigung.at
Hier zu erfragen sind auch die jeweiligen Vereinigungen in den Bundesländern

Österreichischer Mieter- und Wohnungseigentümerbund
Lichtenfelsgasse 3, 1010 Wien
Tel.: 01/512 53 60
Fax: 01/512 53 60-10
http://www.mieterbund.at

Sachwalterschaft, Patientenanwaltschaft, Bewohnervertretung
Forsthausgasse 16 – 20, 1200 Wien
Tel.: 01/330 46 00
Fax: 01/330 46 00-300
verein@vsp.at
http://www.vsp.at
Hier zu erfragen sind auch die jeweiligen Vertretungen in den Bundesländern

Österreichische Patentsanwaltskammer
Linke Wienzeile 4/1/9, 1060 Wien
Tel.: 01/523 43 82
Fax: 01/523 43 82-15
info@oepak.at
http://www.patentanwalt.at

Verein für Konsumenteninformation
Mariahilfer Straße 81, 1061 Wien
Tel.: 01/588 77-0
Erster Rat: 0900 910 024, max. € 0,68/Minute
Fax: 01/588 77 -71
konsument@konsument.at
http://www.konsument.at

Bundesministerium für Finanzen und Finanzämter
Himmelpfortgasse 4 – 8, 1015 Wien
Tel.: 01/514 33-0
Erster Rat: 0810 001 228, zum Ortstarif
buergerservice@bmf.gv.at
http://www.bmf.gv.at
Hier zu erfragen sind auch die jeweiligen Ämter in den Bundesländern

Österreichische Volksanwaltschaft
Singerstr. 17, 1015 Wien
Tel.: 01/515 05-0

Bundesministerium f. Gesundheit, Familie und Jugend
Radetzkystr. 2, 1030 Wien
Tel.: 01/711 00-0
Fax: 01/711 00-14 300
buergerservice@bmgfj.gv.at
http://www.bmgfj.gv.at

Wirtschaftskammer Österreich
Wiedner Hauptstr. 63, 1045 Wien
Tel.: 05 90 900
Hotline: 0800 221 223, kostenlos
http://www.wko.at
Hier zu erfragen sind auch die jeweiligen Anlaufstellen in den Bundesländern

Österr. Kinder und Jugendvertretung
Praterstr. 70/13, 1020 Wien
Tel.: 01/214 44 99
office@jugendvertretung.at
http://www.jugendvertretung.at

Interessante Links

http://www.oesterreich.com
Alles über die Republik Österreich

http://www.austria.gv.at
Seite des Bundeskanzleramtes mit Informationen und Links zu den Bundesministerien inkl. Kontaktdaten

http://www.ris.bka.gv.at
Rechtsinformationssystem des Bundes, eine vom Bundeskanzleramt betriebene elektronische Datenbank

http://www.uibk.ac.at/zivilrecht/buch/
Zivilrecht Online

http://www.rdb.at/
Rechtsdatenbank, kostenpflichtig

http://www.jusline.at
Für die schnelle Suche nach österreichischen Gesetzestexten
(ACHTUNG: mit Stand per 30. Juni 2008 scheint hier noch die „alte", nicht mehr gültige, StPO auf)

http://www.help.gv.at
Für Hilfe und Informationen rund um Amtswege für Bürger und Bürgerinnen

http://www.bmj.gv.at/
Seite des Bundesministeriums für Justiz, Adressen der Bezirksgerichte unter „Gerichtsdatenbank"

http://www.ogh.gv.at
Seite des Obersten Gerichtshofes und der Generalprokuratur

http://www.oegb.at
Seite des österreichischen Gewerkschaftsbundes, Verzeichnis aller Organisationen und Gewerkschaften in den Bundesländern

http://www.rechtsprobleme.at
Unabhängige Informationsplattform bei Rechtsproblemen

http://www.rechtsfreund.at/
Verzeichnis aller Behörden, Ämter und Institutionen in Österreich

http://www.rechteck.at
Private Seite eines Rechtsanwaltes, die aktuelle juristische Problematiken behandelt

http://www.volksanw.gv.at
Seite der österreichischen Volksanwaltschaft

http://www.oerak.at
Seite der österr. Rechtsanwälte mit Anwaltssuche

http://www.besthelp.at
Suchmaschine für Mediatoren, Rechtsberater u.s.w. für ganz Österreich, inkl. gratis Online-Beratung

http://www.notar.at/de/portal/einrichtungen/schlichtungsstelle
Schlichtersuche, Seite der österreichischen Notariatskammer

http://www.internet4jurists.at/
Für Rechtsfragen im Medium Internet

http://journal.juridicum.at/
Internet-Journal des Juridicums der Universität Wien

http://www.promille.at
Plattform der österr. Gastronomie- und Hotelbetriebe, für rechtliche Fragen zum Thema Alkohol

http://www.kija.at
Internetseite der Kinder- und Jugendanwaltschaft

http://www.kinderrechte.gv.at
Wissenswertes über Kinder und ihre Rechte

Zur EU

EU Infotelefon in Österreich: 0800 – 221111
europatelefon@bka.gv.at

http://www.eur-lex.europa.eu/de/index.htm
Zugang zum EU-Recht

http://www.ec.europa.eu/austria/mythen.htm
EU-Mythen und ihre Richtigstellung

http://www.wko.at/eu
EU-Seite der Wirtschaftskammer Österreich

http://www.ea-wien.at/
Seite der Europäischen Akademie Wien

Quellen

Kolba, Peter/Resetarits, Peter: *Mein großer Rechts-Berater*, Wien 2007
Olscher, Werner: *Recht im Alltag I + II,* Wien 2006
Portal der österreichischen Arbeiterkammern: *http://www.arbeiterkammer.at*
Portal der Wirtschaftskammern Österreich: *http://www.wko.at*
Seite zur Abfrage österreichischer Gesetzestexte: *http://www.jusline.at*